DÉCOUVERTES

DE M. MARAT,

(Docteur en Médecine & Médecin des Gardes-du-Corps de Monseigneur le Comte d'Artois.)

SUR LA LUMIÈRE;

Conſtatées par une ſuite

D'EXPÉRIENCES NOUVELLES

Qui ont été faites un très-grand nombre de fois ſous les yeux de MM. les Commiſſaires de l'Académie des Sciences.

SECONDE ÉDITION.

A LONDRES;

Et ſe trouve à PARIS,

Chez JOMBERT, Fils aîné, rue Dauphine.

M. DCC. LXXX.

AUX LECTEURS.

Extrait des Regiſtres de l'Academie Royale des Sciences, du 10 Mai 1780.

M. MARAT, Médecin des Gardes du Corps de Monſeigneur le Comte d'Artois, ayant prié l'Académie de lui nommer des Commiſſaires pour voir des Expériences ſur la Lumière, la Compagnie nous en a chargés, M. le Comte de Maillebois, M. Sage, M. Couſin & Moi.

Ces Expériences, qui ſont en très-grand nombre, roulent ſur différens phénomènes de la Lumière, & particulièrement ſur ceux qui appartiennent à ſon inflexion lorſqu'elle paſſe le long des corps, ainſi que ſur ceux qui, ſelon l'Auteur, établiſſent que la décompoſition des couleurs qu'on obſerve dans cette inflexion eſt la cauſe de celle qu'on obſerve dans le priſme, ou que celles-ci ne ſont point l'effet de la réfraction, mais l'effet unique de l'inflexion avant d'y entrer ; enſorte que, ſelon M. Marat, la décompoſition de la Lumière dans ſon inflexion & celle qu'on obſerve dans ſon paſſage par différens milieux, ſont la ſuite d'un même effet.

Mais comme toutes ces Expériences ſont en

très-grand nombre, ainfi que nous l'avons dit, que nous n'avons pu par-là les vérifier toutes (malgré toute l'attention que nous y avons apportée) avec l'exactitude néceffaire ; que d'ailleurs elles ne nous paroiffent pas prouver ce que l'Auteur imagine qu'elles établiffent, & qu'elles font contraires en général à ce qu'il y a de plus connu dans l'Optique, nous croyons qu'il feroit inutile d'entrer dans le détail pour les faire connoître, ne les regardant pas comme de nature, par les raifons que nous venons d'expofer, à ce que l'Académie y puiffe donner fa fanction ou fon attache. Fait dans l'Académie des Sciences le 10 Mai 1780, LE ROY, COUSIN, SAGE.

Je certifie le préfent Extrait conforme à l'original & au jugement de l'Académie. Ce 10 Mai 1780, le Marquis de CONDORCET.

LE 16 Juin 1779, j'informai M. le Comte de Maillebois que mon Mémoire fur le Feu avoit une fuite, & que cette fuite contenoit de nouvelles Expériences, fervant à perfectionner la Théorie de Newton fur les couleurs, ou plutôt à en établir une nouvelle. Toujours attentif à ce qui peut intéreffer l'Académie, M. de Maillebois lui en fit part le 19 ; & ce jour même l'Académie me fit l'honneur de me nommer des Commiffaires, pour vérifier les faits qui font

la bafe de ma doctrine. La Commiffion fut compofée de MM. de Maillebois , de Montigny,
Sage , le Roy & la Lande , qui fe fit fubftituer
M. Coufin. Des affaires particulières ne permet-
tant point aux trois premiers Académiciens de
fuivre régulièrement la vérification de mes Expériences, ils s'en rapportèrent aux deux dernières.

Commencée le 22 de Juin, elle fut enfin terminée le 30 Janvier 1780 ; & dès-lors j'ai fouvent
follicité un rapport.

Je ne me fuis jamais flatté que l'Académie
confirmeroit les conféquences que j'avois déduites d'une longue fuite de faits furprenans &
inconnus, puifque j'avois prié MM. fes Commiffaires de borner leur rapport à la vérification
de ces faits : mais j'avois droit d'attendre que
cette favante Compagnie prononçât fur l'exactitude & la nouveauté de mes Expériences.

Je ne ferai aucun commentaire fur l'acte Aca-
démique qu'elle a bien voulu m'accorder : à
l'égard des raifons qui ont forcé au filence MM.
fes Commiffaires , je ne puis me refufer aux
obfervations fuivantes.

Mes Expériences ont été pendant fept mois
fous les yeux de MM. de l'Académie ; & dans
cet intervalle elles ont toutes été répétées un
très-grand nombre de fois.

Elles ne leur paroiffent pas prouver ce que

j'imagine qu'elles établiſſent : mais il ne fut jamais queſtion des conſéquences, puiſque le rapport ne devoit point porter ſur la théorie.

Que ſi elles ſont contraires en général à ce qu'il y a de plus connu dans l'Optique ; c'eſt ce dont j'étois perſuadé, ce dont l'Académie étoit prévenue, & ce dont je me félicite ; deſtinées à établir une nouvelle doctrine, devoient-elles venir à l'appui des anciennes opinions ?

Aſſurément je m'honorerai toujours du ſuffrage des Savans diſtingués ; mais comme il n'eſt au monde aucune Société ſavante dont le jugement puiſſe rendre vrai ce qui eſt faux & faux ce qui eſt vrai ; je crois qu'en me refuſant ſa ſanction, l'Académie des Sciences ne ſauroit changer la nature des choſes. S'il faut être jugé, que ce ſoit donc par un Public éclairé & impartial : c'eſt à ſon Tribunal que j'en appelle avec confiance, ce Tribunal ſuprême dont les Corps ſcientifiques eux-mêmes ſont forcés de reſpecter les arrêts.

DÉCOUVERTES

DE M. MARAT,

SUR

LA LUMIÈRE.

De l'Attraction de la Lumière.

Quand on expose un corps quelconque aux rayons *Exp. 1.* solaires, rassemblés dans la chambre obscure à l'aide d'un simple objectif, on voit son ombre environnée d'une raie lumineuse (1), plus ou moins vive & plus ou moins étendue relativement à la distance où il est de la toile.

Ce phénomène ne tient point à une double

____

(1) Je nommerai *auréole* cette raie lumineuse, afin d'éviter d'ennuyeuses circonlocutions.

A

Exp. 2. réfraction ; puifqu'*il n'a pas moins lieu, lorfqu'on fe fert d'un miroir d'acier.* Il ne tient pas non plus à la forme de l'air ambiant, comme je (1) l'avois

Exp. 3. d'abord foupçonné ; puifqu'*on ne l'apperçoit pas moins autour des corps extrêmement minces qu'autour des corps fphériques.* A quoi donc l'attribuer ? au principe de l'Attraction qui raffemble à la furface des corps les rayons de lumière dont ils font environnés.

Ces rayons ne peuvent être raffemblés à la furface d'un corps qu'aux dépens du milieu ambiant : ce milieu doit donc être moins éclairé ; & fa différence de clarté, quoiqu'infenfible dans un grand efpace, doit s'appercevoir dans un efpace fort petit. — Mais comment rétrecir le champ de lumière ? — Rien de fi facile : au lieu de le former au-dehors des corps, il faut le former au-dedans.

Exp. 4. *Ainfi quand on place dans le cône lumineux, à quatre pieds de la toile, une carte, une lame métallique, une petite planche, percées d'un trou de fix lignes en diamètre ; l'ombre de ces corps paroît autour du trou bordée*

---

(1) Si j'ai laiffé dans mon Mémoire fur le Feu la remarque de la page 8 ; c'eft qu'il m'eût été impoffible d'indiquer la vraie caufe du phénomène en queftion, fans mettre le Lecteur fur la voie des découvertes dont je publie aujourd'hui le précis.

d'une raie de lumière très - vive , tandis que l'espace circonscrit est d'une teinte moins claire que le fond du tableau. Si le trou a trois lignes , l'espace circonscrit Exp. 5. *sera d'une teinte encore moins claire. S'il a une ligne, en* Exp. 6. *place d'auréole , l'ombre vers la circonférence se trouvera bordée d'une teinte obscure , moins foncée toutefois vers le centre. D'ailleurs quelque forme qu'ait ce trou , toujours les mêmes résultats accompagneront les mêmes expériences.* Les rayons auxquels il donne passage font donc principalement attirés vers ses bords (1).

Démontrons cette vérité d'une manière encore plus évidente. *Lorsque le trou fait à la carte , à* Exp. 7. *la lame métallique , à la petite planche , n'a qu'un quart de ligne en diamètre ; l'espace circonscrit par les bords de l'ombre , au lieu d'offrir un point lumineux , est d'une teinte très-obscure , & toujours d'autant plus obscure que le trou est plus étroit.* Ce phénomène s'observe en grand comme en petit : peut-être alors est-il plus propre à déceler la cause à laquelle je l'attribue. *Placez , à quelques pouces du foyer , une carte percée* Exp. 8. *d'un trou de deux lignes , de manière que le centre corresponde à l'axe du cône lumineux ; & vous verrez l'ombre des bords environnée d'une auréole brillante en-dehors , terne au milieu , obscure en-dedans , toujours d'autant*

----

(1) Comme les rayons du milieu se trouvent également attirés de tous côtés , ils suivent seuls leur direction.

plus obscure qu'elle approche davantage de l'ombre. D'où vient cette privation de lumière ? si ce n'est de ce que les rayons les plus proches de la circonférence du trou sont attirés avec force, & repliés à sa surface.

Continuation du même sujet.

Exp. 9. *Au volet d'une chambre obscure , adaptez un tuyau de carton noirci (d'un pied en diamètre sur deux pouces en longueur) destiné à donner passage aux rayons immédiats du soleil ; & l'ombre des bords du tuyau paroîtra environnée d'une auréole, dont les dégradations de lumière sont les mêmes que dans l'expérience qui précède.*

Exp. 10. *Au faisceau que forment ces rayons, opposez (à six pieds de la toile) une feuille de fer-blanc percée d'un trou de quinze lignes , & l'ombre des bords de cette ouverture sera environnée d'une auréole brillante en-dehors ; mais l'espace circonscrit paroîtra moins éclairé que le fond du tableau (1).*

---

(1) Toutes les expériences , par lesquelles on a entrepris de prouver que l'intensité de la lumière est en raison inverse du quarré de la distance , sont mal imaginées (voyez Opt. de Smith, L. I. & II.) ; parce que les rayons qui partent de l'objet lumineux sont en partie déviés par les côtés du trou qui leur donne passage , & toujours d'autant plus déviés que le trou est plus petit. Il doit donc s'en trouver proportionnellement moins sur le plan qui les reçoit, qu'il n'en a passé par ce trou ; & cela indépendamment de ceux qui s'éteignent dans le milieu à traverser.

A la feuille de fer-blanc, substituez deux planches Exp. 11. *de six pouces chacune, placez-les par le côté à quelque distance l'une de l'autre, éloignez-vous de la toile ; & l'espace qui sépare l'ombre de leurs bords sera rempli par deux auréoles brillantes espacées par une raie obscure.* Quelque corps que vous présentiez aux rayons du soleil, toujours l'ombre sera environnée d'une raie de lumière plus vive à sa partie externe que le fond du tableau. *Présentez-leur une lame* Exp. 12. *métallique percée d'un trou de trois lignes : en la plaçant à quinze pouces de la toile, les bords extérieurs de l'auréole coincideront, & le petit champ de lumière offrira au centre un point lumineux très-brillant, circonscrit par une teinte terne, puis obscure, & toujours plus obscure qu'elle approche davantage des bords.* De ces expériences, & de mille autres semblables, concluons que tous les corps attirent la lumière.

Mais des rayons qui se trouvent dans la sphère d'attraction d'un corps isolé, ceux qui sont tangens se replient à sa surface, & deviennent convergens : ceux qui forment les couches contiguës sont aussi repliés, mais beaucoup moins ; & toujours d'autant moins, qu'ils s'éloignent davantage, jusqu'à ce que la force attractive, trop foible pour les dévier sensiblement, les accumule aux bords de sa sphère d'activité, tant qu'elle conserve un peu plus d'énergie qu'elle n'en a dans le milieu ambiant Voilà d'où viennent dans l'auréole , l'obfcurité de fa partie contigüe à l'ombre des corps , la teinte terne de fa partie intermédiaire, & l'éclat de fa partie extérieure.

Aux rayons immédiats du foleil, l'auréole qui environne l'ombre des corps eft moins brillante qu'aux rayons raffemblés dans la chambre obfcure ; parce que dans le dernier cas, il y a moins de lumière réfléchie de tous côtés. Elle eft auffi beaucoup plus étendue , & l'on en verra la raifon ci-après.

De la Périoptrique (1).

Ceux qui ont fixé les loix de la déviation des

---

(1) Je fupplie le Lecteur de me paffer ce terme : fans doute la déviation des rayons de lumière , dont je viens de parler , n'eft au vrai qu'une réfraction externe , & elle doit être rapportée au même principe ; puifque la force qui agit à la furface des corps diaphanes convexes pour plier vers leur axe les rayons qui les pénètrent , agit à leur circonférence pour plier vers leur axe les rayons qui les environnent. Mais quoique le principe foit commun , les loix font différentes, & il importe de ne pas confondre les phénomènes. Or c'eft la partie de l'optique qui traite de la déviation des rayons de lumière à la circonférence des corps que je défigne fous le nom de *Périoptrique*.

Comme le fujet que je vais traiter eft tout neuf , il manque de termes propres, il ne peut néanmoins s'en paffer : ainfi ceux

rayons de lumière n'ont jamais confidéré que les milieux réfringens ; auffi ces loix font-elles infuffifantes pour éclaircir tous les phénomènes.

Selon eux , les rayons de lumière ne changent (1) jamais de direction qu'en paffant obli-

----

de dévier , déviables , déviation , déviabilité , feront confacrés à la *Périoptrique* ; comme ceux de *réfraƈter , réfrangible , réfraction , réfrangibilité* font confacrés à la *Dioptrique.*

Ces diftinƈtions font indifpenfables ; & la crainte d'introduire des mots nouveaux , pour lefquels les Leƈteurs ont toujours beaucoup d'éloignement , ne doit pas retenir un Auteur , s'il veut être entendu.

(1) Je compte ici pour rien cette *inflexion* des rayons folaires , prefque imperceptible , dont parle Newton au Livre III de fon Optique , obfervation IX : à peine va-t-elle à $\frac{1}{715}$ de pouce ; auffi n'a-t-il pas cru devoir rien changer à l'opinion reçue de la propagation conftante de la lumière en droite ligne (voyez queft. 2 3). Or cela ne reffemble guère à notre nouvelle doƈtrine ; car on verra ci-après que la fphère de lumière des corps globuleux d'un certain volume , eft au moins auffi étendue que leur diamètre ; & que les rayons qui en forment les différentes couches , après s'être déviés vers ces corps , convergent & fe réuniffent tous en différens foyers.

Je ne m'arrête pas non plus à démontrer ici que cette inflexion de la lumière , que Newton attribue à une force répulfive , qui éloigneroit des corps les rayons folaires , fans qu'il y eût de contaƈt immédiar entr'eux (Optiq. queft. 3 1) , n'a pas été jufqu'à préfent mieux obfervée qu'expliquée. On verra du premier coup d'œil qu'elle tient à notre nouveau principe ; puifque l'augmentation de l'ombre des petits corps expofés aux rayons folaires dans la

quement d'un milieu dans un autre de différente
denſité : toutefois il eſt inconteſtable qu'ils en
changent toujours dans le même milieu, lorſqu'ils paſſent près d'un corps qui y eſt placé.
Se trouvent-ils dans ſa ſphère d'attraction ? —
ils ſe replient juſqu'à certain point à ſa circonférence , & ſe prolongent enſuite en droite
ligne. Cette vérité, que je viens de déduire de
l'obſervation d'un phénomène conſtant , ſe
démontre d'une manière directe : car l'ombre
des corps opaques n'eſt jamais proportionnelle
à l'eſpace qu'ils occupent dans le cône lumi-
neux(1) ; mais la différence eſt bien plus marquée
aux rayons immédiats du ſoleil. *Préſentez-leur un
diſque métallique de deux pouces en diamètre ; puis ſur*
Exp. 13. *un carton placé tout auprès recevez-en l'ombre, elle*
vous paroîtra d'égale étendue ; éloignez par degrés le
carton, & l'ombre diminuera de beaucoup ; éloignez-le
Exp. 14. *davantage, & l'ombre diminuera encore. A côté de ce*
diſque, placez-en un pareil, mais dont le milieu ſoit
percé d'un trou de ſix lignes ; & à ſix pieds de-là rece-

---

chambre obſcure, eſt en plus grande raiſon que celle de leur
diſtance à la toile, ſimplement parce que les rayons repliés à la
circonférence de ces corps, ſe croiſent, & ſe prolongent enſuite
juſqu'à la toile en divergeant.

(1) On verra ci-après que cette diſproportion eſt bien plus
conſidérable qu'elle ne le paroît.

[9]

vez-en l'ombre, *vous trouverez qu'elle n'a guère que quinze lignes. Si vous examinez ensuite le champ circonf-crit par la circonférence du trou, il remplira presque tout cet espace.* D'où vient cela? de ce que les rayons qui environnent le difque, fortement attirés, fe replient fur lui, & changent de direction. Des rayons déviés, les tangens à la circonférence extérieure & les tangens à la circonférence intérieure convergent donc : auffi fon ombre diminue-t-elle à mefure qu'on éloigne le tableau, jufqu'à ce qu'ils foient parvenus à leur point d'interfection. Les rayons folaires forment donc foyer au-delà des corps opaques qu'ils environ-nent, comme ils forment foyer au-delà des corps diaphanes convexes qu'ils pénètrent.

Si l'on doutoit encore de cette vérité, en voici d'autres preuves. *Après avoir introduit ces rayons par un grand trou* (1) *fait au volet d'une chambre obfcure, examinez l'ombre d'un boulet projettée fur un carton à une très-petite diftance ; vous la trouverez à-peu-près de même diamètre que l'objet , également noire dans toutes fes parties, & toujours bien terminée. Si vous éloignez le carton , l'ombre diminuera ; mais les* Exp. 15. *bords n'en feront plus auffi nettement terminés, ils s'é-clairciront enfuite peu-à-peu , puis ils s'étendront par degrés : alors , circonfcrits par une auréole, ils circonf-*

____

(1) Il doit avoir au moins dix pouces en diamètre.

Exp. 16. criront à leur tour un orbe plus noir (1). *A mesure que la distance augmente, l'orbe central diminue, il disparoît enfin pour être remplacé par un orbe moins obscur que les bords, l'ombre aussi continue à diminuer, mais l'espace orbiculaire s'étend & s'éclaircit ; tandis que le cercle dont il est environné s'obscurcit & se resserre. Lorsque l'ombre est fort petite, au centre se forme un point lumineux : c'est ce point lumineux qu'il faut regarder comme foyer d'une partie (2) des rayons déviés à la circonférence du boulet.*

Puisque les rayons déviés par un corps ont un point d'intersection ; passé ce point, ils doivent prendre entr'eux un arrangement inverse. Ici le fait s'accorde avec la théorie : aussi *lors-* *Exp. 17.* *qu'on éloigne davantage le boulet, voit-on l'ombre dispa-* *roître totalement (3), ou plutôt circonscrire un champ*

---

(1) Cet orbe n'est bien marqué que lorsque le soleil est peu élevé sur l'horison, & lorsque le carton où l'ombre est projettée se trouve du volet à vingt ou vingt-cinq pieds : mais il faut avoir *Exp. 18.* soin de tenir la boule au milieu du champ de lumière ; car *si l'ombre porte sur l'auréole des bords du trou, elle cessera d'être régulière, & sa partie immergée prendra une forme elliptique.* Phénomène singulier, bien propre à démontrer la déviation des rayons solaires sur les bords du trou fait au volet, & dont nous déduirons des conséquences dans la suite.

(2) Voyez à ce sujet *l'article de la déviation des rayons de lumière à la circonférence des corps.*

(3) Il est vrai que l'endroit où l'ombre a disparu n'est jamais

de lumière ; comme on voit la lumière circonfcrire un champ d'ombre, lorfqu'on place à côté du boulet un difque Exp. 19. *de même diamètre, & percé d'un trou au milieu* (1).

Mais pour que ces expériences réuffiffent toujours, il faut que le ciel foit extrêmement pur ; on en verra la raifon ci-après.

Il eft donc hors de doute que les rayons de lumière fe dévient toujours en paffant près d'un corps ; mais ils ne fe replient pas tous également à fa fuperficie. Ainfi de quelque manière qu'ils tombent fur un corps opaque placé à quelque diftance de la toile, l'ombre ne tranche jamais dans le champ lumineux. Tombent-ils parallèlement fur des corps d'un certain volume ? l'ombre eft toujours plus petite, & d'une teinte moins obfcure vers les bords. Si ces corps font d'un petit volume, leur ombre mal deffinée reffemble à celle des corps diaphanes ternes. Si ces corps font d'un volume fort petit, leur

fi clair que le fond du tableau : & cela n'eft pas étrange ; puifque les corps opaques interceptent le paffage des rayons incidens. De ces rayons, les uns fe font réfléchis de deffus fa furface, les autres fe font éteints dans fon tiffu ; ils fe trouvent donc de moins dans l'endroit où étoit l'ombre, quoique cet endroit foit éclairé par les rayons qu'a déviés ce corps.

(1) Pour un boulet d'un pouce en diamètre, ce point eft à dix pieds de la toile ; & pour un difque de deux pouces, percé au centre d'un trou de fix lignes, ce point en eft à fix pieds.

ombre difparoît tout-à-fait. Elle difparoît de même, quoique fort grands, dès que leur diftance à la toile eft proportionnellement augmentée. Lorfque les rayons divergent, l'ombre des corps opaques n'augmente pas en raifon de leur diftance à la toile ; & toujours elle eft d'une teinte plus claire aux bords qu'au centre. Enfin lorfque les rayons convergent, l'ombre des corps opaques diminue en plus grande raifon que celle de leur diftance à la toile. Phénomènes impoffibles à concevoir, fi les rayons tangens aux corps fe prolongeoient, dans un même milieu, fuivant la même direction ; mais bien fimples à comprendre en admettant notre nouveau principe, dont ils font les fuites néceffaires.

Les conféquences de ce principe, & leur application aux inftrumens d'optique, à l'aftronomie, &c., font déduites dans (1) l'Ouvrage dont celui-ci n'eft que l'extrait.

---

(1) J'y fais voir comment l'explication naturelle de l'aurore, du crépufcule, des occultations, des apparences optiques des éclipfes, & de divers autres phénomènes dont on n'a point encore rendu raifon d'une manière fatisfaifante, découle de ce principe, fans parler des changemens à faire aux tables de réfractions aftronomiques.

De la Sphère d'Attraction de la Lumière.

Comme tous les corps attirent la lumière ; au milieu de celle qui remplit les espaces immenses de l'univers, ils en ont donc chacun une atmosphère particulière. Cette atmosphère devient sensible par l'auréole dont leur ombre paroît environnée ; & c'est elle toujours qui forme leur sphère d'attraction.

Sans art, on ne peut guère la déterminer dans la chambre-obscure. Tant que les rayons solaires se trouvent rassemblés par un objectif, comme ils sont fort divergens, ils paroissent céder moins à la force attractive qui tend à les détourner de leur direction ; & comme ils sont très-rares, ils donnent aussi moins de prise à cette force, qui ne paroît pas alors déployer sur eux toute son énergie : d'ailleurs le champ lumineux n'est point déterminé par les rayons externes du cône près le sommet ; assertion dont la preuve se trouve établie dans un article qui suit.

Pour déterminer à la vue seule cette sphère, il faut introduire dans une chambre les rayons immédiats du soleil, lorsqu'il est peu élevé sur l'horifon (1) : ainsi *après avoir ouvert une croisée, si*

––––––––––––––––

(1) Toutes les expériences de ce genre doivent se faire, lorsque

Exp. 20. *vous fermez un des volets , de manière que l'ombre des bords porte fur le mur ; vous verrez cette ombre environnée d'une grande auréole. Si vous approchez du volet le bout d'un bâton , jufqu'à ce que fon ombre coïncide avec l'auréole , la diftance où il fera du bord mefurera à peu-près l'étendue de la fphère d'attraction.*

Mais ce n'eft point-là où fe borne cette fphère. Lorfque l'objet eft ifolé , plus il s'éloigne , plus elle s'étend ; pourvu néanmoins que fa force attractive foit encore fupérieure à celle du milieu qui l'environne. J'ai dit lorfque l'objet eft ifolé ; car elle eft moins grande , s'il y a quelque corps fur la même ligne où paffent les rayons :

Exp. 21. aufli , *quand on approche jufqu'à certain point du volet une grande planche , apperçoit-on l'auréole diminuer.* D'où vient cela ? de ce que la force attractive fe trouve alors contrebalancée par elle-même , & que les rayons qui rempliffent l'efpace intermédiaire font attirés de côtés oppofés. On voit à préfent pourquoi l'auréole diminue , à mefure qu'on approche l'objet du mur qui reçoit l'ombre ; car les rayons , plus fortement attirés par ce mur , réfiftent auffi davantage à leur déviation: ils s'éloignent donc moins de leur direction

-----

le foleil eft peu élevé fur l'horifon ; afin de ne pas confondre la déviation des rayons — fuite de l'attraction des corps, avec leur déviation — fuite du pouvoir réfractif de l'air.

rectiligne. Qu'on fasse attention à la figure de cette sphère, on la trouvera orbiculaire autour des masses orbiculaires, ovale autour des masses ovales, triangulaire autour des masses triangulaires ; en un mot toujours semblable à celle des masses qu'elle environne.

L'eût-on soupçonné ? Dans certains corps, même d'un assez petit volume, placés à quinze pieds du mur, la sphère d'attraction de la lumière s'étend à quelques pouces. Chaque jour on avoit ce phénomène sous les yeux, & on n'y faisoit point d'attention.

De l'étendue de la Sphère d'Attraction de la Lumière.

J'ai fait voir que les rayons de lumière, qui se trouvent dans la sphère d'activité d'un globe, se replient à sa circonférence, convergent vers son axe, & prennent après leur réunion au foyer un arrangement inverse. J'ai fait voir aussi que ces rayons font toujours d'autant moins convergens qu'ils s'éloignent davantage de leur centre d'attraction, & cessent enfin de l'être dès que la force attractive du globe devient égale à celle de l'air ambiant. L'auréole qu'ils forment en plein air est donc toujours circonf-

crite par des rayons rectilignes parallèles (*).
Ainsi, dès qu'ils font hors de la sphère d'attraction de la toile, quelque arrangement qu'ils
prennent entr'eux, l'étendue de cette auréole
est la même : comme on l'observe, soit que le
globe fasse ombre, soit que son ombre ait dif-
paru, soit que l'endroit où elle étoit projettée
offre un champ éclairé. Or, on remarque que
dans des globes de différente matière & de différente grandeur, elle s'étend à neuf huitièmes
du diamètre : mais pour en bien diftinguer les
limites, il faut que le ciel foit pur, & qu'on ait
le dos tourné au foleil.

De l'Angle de Déviation des Rayons Solaires.

Tout corps fphérique plus petit que le foleil,
& qui en intercepte la lumière, formeroit néceffairement un feul cône d'ombre, fi les rayons
incidens convergeoient tous, & fi les rayons
tangens fe prolongeoient en droite ligne ; parce
que des droites menées de la circonférence
du difque folaire à celle de ce corps, étant prolongées, fe coupent à un point commun, &
décrivent néceffairement une figure conique.

___

(*) Ces rayons font de deux ordres, comme on va le voir.

Mais

Mais de ces rayons, les uns font plus ou moins convergens, les autres plus ou moins divergens ; ils ne fauroient donc tomber fur les mêmes parties du plan qu'ils éclairent. Ainfi l'ombre produite par les rayons interceptés doit être formée de deux orbes concentriques, dont l'un eft plus petit, l'autre plus grand que le corps interpofé : elle doit donc être plus obfcure au centre qu'à la circonférence.

Parlons des corps placés à la furface de la terre. *Tant qu'un globe eft en contact avec le plan où fon ombre eft projettée, la différence de ces orbes eft imperceptible ;* car la diftance des rayons tangens qui divergent aux rayons tangens qui conver- *Exp. 22.* gent eft incommenfurable ; mais, *pour peu qu'il foit éloigné de ce plan, la différence eft bien marquée, puis elle difparoît à mefure que la diftance augmente ; enfin les phénomènes deviennent inverfes.* Pourquoi cela ? Parce que les rayons convergens, repliés à la circonférence du globe, fe réuniffent au milieu de l'ombre, & l'éclairent ; tandis qu'elle continue à être circonfcrite par les rayons tangens qui divergeoient : le cercle obfcur qui refte, produit par les rayons interceptés, forme donc une ligne de féparation entre les rayons convergens les moins déviés, & les rayons divergens les plus déviés. Que fi l'ombre n'eft pas immédiatement environnée d'un champ de lumière bien vive ; c'est que les rayons qui environnent un corps ne peuvent se replier sur lui, qu'aux dépens de l'espace qu'ils étoient destinés à éclairer.

Des rayons tangens déviés, les divergens circonscrivent les convergens : ainsi, avant leur point d'intersection, c'est sur l'orbe externe qu'on doit déterminer la déviation des premiers, & sur l'orbe interne qu'on doit déterminer la déviation des derniers.

Examinons un instant la diminution de ces orbes dans l'ombre de plusieurs boules d'un diamètre donné, placées à différentes distances de la toile. *Le Soleil étant périgée, ou plutôt son* Exp. 23. *diamètre apparent étant de 32 minutes ; si vous exposez à ses rayons immédiats, des boules de douze lignes, l'orbe inscrit disparoîtra à 25 pouces de la toile,* quoiqu'il ne dût disparoître qu'à 9 pieds 8 pouces, 1 ligne (1), si les rayons tangens se prolongeoient en ligne droite ; parce qu'à cette distance, la sourendante d'un angle de 32 minutes est exactement d'un pouce.

Exp. 24.   *D'un autre côté, l'orbe externe disparoît à dix pieds de la toile ;* tandis qu'il devroit avoir au moins

____

(1) En supposant le rapport du diamètre à la circonférence, comme celui de 7 à 22.

un pouce en diamètre (1), car des rayons dardés du même point, & qui n'ont qu'un pouce d'écartement après s'être prolongés à 30 millions de lieues, doivent être regardés à-peu-près comme parallèles (2). J'ai dit que l'orbe externe doit avoir un pouce en diamètre ; & cela est vrai , dans la suppofition toutefois que l'ombre n'eft circonfcrite que par des rayons partis du centre du difque folaire, c'eft-à-dire, par les rayons qui divergent le moins.

Aux boules de douze lignes , fubftituez-en de 24 ; Exp. 25. *l'orbe central difparoîtra à cinquante pouces , & l'orbe externe à 20 pieds. Remplacez celles-ci par des boules* Exp. 26. *de 48 lignes ; le premier difparoîtra à cent pouces , & le dernier à 40 pieds* (3): d'où il fuit que l'angle de déviation des rayons tangens refpectifs, qui fe trouvent dans la fphère d'activité des corps globuleux , eft le même , quel que foit le diamètre de ces corps. Quand on cherche à déterminer celui des rayons convergens , dans des

(1) Un pouce & une fraction incommenfurable.

(2) A cette diftance, la foutendante d'un angle formé par des rayons partis des extrémités du demi-diamètre du foleil , & qui fe couperoient à la circonférence du plus grand cercle du corps interpofé, n'a jamais qu'une foutendante de 16'.

(3) J'aurois fuivi la progreffion dans une fuite de boules d'un diamètre multiple du premier, fi j'avois pu difpofer d'un local convenable.

boules d'un pouce, on trouve qu'il eſt de 58 minutes ; car l'orbe interne diſparoiſſant à 25 pouces de diſtance, cet angle a un ſinus de 21 lignes $\frac{3}{4}$, dans un cercle de 9 pieds 8 pouces 1 ligne de rayon : or, une droite de 21 lignes $\frac{3}{4}$ y ſoutend un angle de 58 minutes.

D'un autre côté, l'orbe externe diſparoît à dix pieds, tandis qu'il devroit avoir au moins un pouce en diamètre ; l'angle de déviation des rayons qui divergent, a donc un ſinus de 6 lignes : or, dans un cercle de dix pieds de rayon, une droite de 6 lignes ſoutend un angle de 15 minutes, 30 ſecondes. D'où il paroît que la déviation des derniers eſt proportionnellement plus petite que celle des premiers ; & cela doit être, parce qu'en ſe prolongeant, ceux-ci tendent davantage à s'éloigner du corps avec lequel ils ſont en contact.

A meſure que la diſtance de la boule au carton augmente, l'orbe circonſcrit perd de ſon obſcurité ; les rayons qui l'éclairent ſe rapprochent, enfin ils ſe réuniſſent en un point : c'eſt ce point qu'on doit regarder comme foyer des convergens qui forment les dernières couches de l'auréole de la boule. *Qu'on ne mette en expérience que des boules homogènes ; dans* **Exp. 27.** *celles d'un pouce, à 8 pieds de la toile, le point lumineux aura toute ſa vivacité : à 16 dans celles de deux* *pouces ; à 32 dans celles de quatre pouces , &c. & dans toutes l'étendue de l'auréole est de* $\frac{2}{8}$ *du diamètre.* Mais à en retrancher trois lignes pour la partie où les rayons font accumulés; l'angle de déviation des convergens les moins déviés a donc un finus de douze lignes : or dans un cercle de 8 pieds de rayon, une droite de 12 lignes foutend un angle de 38 minutes 40 fecondes. Il fuit delà que, des rayons qui convergent les tangens font proportionnellement beaucoup plus déviés que ceux des dernières couches de l'auréole. Au refte , ces rapports ne font fixés qu'en gros (1) : car les rayons des différentes couches, repliés à la circonférence d'un corps fphérique, fe prolongent enfuite en ligne droite, & fe coupent en différens points de l'axe.

A l'égard des tangens, ces rapports font moins rigoureux encore. *Après avoir placé un* Exp. 22. *lumignon au milieu d'une petite chambre noire , arrangée de manière à empêcher tout reflet ; fufpendez une boule de deux pouces en diamètre au centre d'un trou de trois pouces d'ouverture ; à dix pieds de diftance, l'ombre projettée fur la toile aura cinq pieds. Du centre de cette ombre & à quelques pouces de la toile , fi vous regardez le trou avec une lentille placée dans un point convenable ,*

---

(1) On verra ci-après que différentes caufes concourent à les faire un peu varier.

vous n'appercevrez point la boule, quoique les rayons incidens divergent ; car les tangens repliés à la circonférence & réfractés par le verre, font foyer au fond de l'œil, & couvrent d'une couche lumineuse le corps qu'ils enveloppent.

Exp. 29.   *A une distance beaucoup moindre, regardez la boule ; & elle vousp aroítra comme un petit orbe noir, environné d'une auréole ardoise. Eloignez-vous peu-à-peu jusqu'à certain point ; & vous verrez en place un orbe blanc*

Exp. 30.   *terne. Rétrecissez jusqu'à un tiers d'ouverture le trou fait au côté de la petite chambre noire, & suspendez la boule à un pouce de distance ; l'ombre couvrira toute la toile : appliquez immédiatement l'œil à quelques lignes du centre de l'hémisphère postérieur, & elle vous paroítra entièrement transparente (1).*

De l'Energie de l'Attraction de la Lumière.

Elle varie avec la densité des corps, elle varie aussi avec leur nature ; car si c'est une loi constante que la force attractive s'y déploie proportionnellement à la masse, ce n'est pas une loi moins constante que cette force s'y déploie proportionnellement à l'affinité qu'ils ont entr'eux.

La première de ces loix est démontrée dans

---

(1) Elle a exactement la couleur d'un œuf frais vu à la lumière d'une bougie.

l'air plus ou moins (1) condenfé, par le plus ou le moins de réfraction que les rayons y éprouvent : mais la dernière peut fe démontrer à l'œil même dans tous les corps, opaques ou tranfparens.

Après avoir introduit dans une chambre obfcure les Exp. 3.ᵉ *rayons folaires (2) par une ouverture de quinze pouces en quarré, faite au volet; fi vous leur préfentez fur une même ligne (3), à quatre pieds de la toile (4), des corps de mêmes dimenfions & de différente denfité, vous n'obferverez pas dans tous, que l'auréole qui les envi-ronne s'étende davantage autour des plus denfes; dans quelques-uns même, elle s'étend beaucoup moins.* D'après une multitude d'expériences de ce genre, il confte que certains corps, tels que les bois blancs, la réfine, le papier, la toile de coton,

---

(1) Les expériences d'Hauksbée, faites avec un prifme rempli d'air plus ou moins condenfé, font bien connues. Voy. Hauksbée, Expér. Phyf. Méchan. vol. I.

(2) Pour cela il faut que le foleil foit peu élevé fur l'horifon.

(3) Une précaution néceffaire, c'eft d'éloigner affez ces corps les uns des autres, pour qu'ils ne diminuent pas réciproquement leur fphère d'attraction.

(4) A cette diftance, l'auréole fe trace affez nettement fur la toile. Pour la diftinguer dans des corps plus éloignés, il faut avoir foin de ne jamais préfenter au foleil qu'un de leurs côtés; car la force attractive, faifant converger les rayons tangens, doit néceffairement diminuer l'ombre, & la confondre dans l'auréole; encore ne peut-on examiner de la forte que de grands objets.

la cire, le fuif, le plâtre & furtout le fluide
igné, attirent plus la lumière que les métaux ;
comme on s'en affure en comparant l'étendue
& l'éclat de leurs auréoles : mais dans la chambre obfcure, la différence n'eft bien fenfible
qu'à l'égard du fluide igné qui s'échappe d'un
boulet incandefcent ou de la flamme d'une
groffe chandelle. Les fubftances hétérogènes
attirent donc la lumière en raifon compofée
de leur denfité & de leur affinité avec elle.

Quant aux homogènes, elles l'attirent toutes
en raifon fimple de l'étendue de leur furface·

Comme l'énergie de la force attractive fe
déploie toujours en raifon inverfe du quarré de
la diftance, elle eft tout ce qu'elle peut être à
la furface des corps : ainfi l'attraction de la lumière a proportionnellement plus d'intenfité
dans les petites que dans les grandes maffes ;
parce que leur fuperficie eft proportionnellement plus étendue. Le fait établit cette vérité
Exp. 32. de plufieurs manières : *après avoir placé dans le
cône lumineux, & à égale diftance de la toile, des
boules de cuivre, de plomb, d'étain, d'argent, de bois,
d'ivoire, de cire, &c. d'un pouce ou deux en diamètre
chacune, mais vidées ; fi à côté l'on place des boules de
même matière & d'égal diamètre, mais pleines ; on
n'obfervera pas que l'auréole augmente en étendue &
en éclat autour des plus maffives.*

Dans les corps où la lumière eſt attirée à la fois par Exp. 33. *deux ſurfaces internes, la partie intermédiaire de l'au-réole acquiert de l'éclat : auſſi les coins des angles ſont-ils terminés par un petit quadrilataire, plus éclatant que la raie qui de part & d'autre concourt à le former ; & toujours d'autant plus éclatant que l'an-gle eſt moins obtus. Mais lorſque l'angle eſt aigu ;* Exp. 34. *au lieu d'un quadrilataire, c'eſt un eſpèce de triangle très-brillant, formé par l'interſection des lignes lumi-neuſes qui ſe prolongent dans l'ombre ; triangle toujours d'autant plus brillant & plus grand que l'angle eſt plus aigu.*

Lorſque ces corps ont des parties ſaillantes, bien qu'on Exp. 35. *vienne à couper raz la pointe de l'angle externe, l'éclat de cette partie de l'auréole ne paroît pas diminuer.*

La forme même qu'affecte l'auréole autour des corps anguleux, confirme notre théorie. Examinez leur ombre, & vous trouverez que tous les angles ſont mouſſes : l'auréole, extrê-mement foible au ſommet des pointes, s'évaſe d'une manière très-marquée ſur les côtés, & paroît avoir un petit point obſcur au milieu. La lumière qui la forme eſt donc attirée vers les endroits où la ſurface eſt proportionnelle-ment plus grande.

De l'examen de ces phénomènes réſulte une autre méthode d'établir la même loi. *Oppoſez aux rayons ſolaires un diſque mince, de deux pouces* Exp. 36.

en diamètre , percé autour du centre de fix ouvertures en forme de feuilles de jafmin , & placé de manière à faire ombre fur un carton à quinze pouces de diftance ; fi vous obfervez cette ombre , vous trouverez , non-feulement que les ouvertures font proportionnellement plus grandes que dans le difque , mais qu'elles font toutes devenues circulaires. A ce difque , fubftituez-en un avec des trous quarrés , & le même effet aura lieu. La raifon de ce phénomène n'eft pas difficile à trouver : car les rayons auxquels chaque ouverture donne paffage , plus fortement attirés vers les angles que vers les parties latérales , fe prolongent après avoir fléchi de la forte , & tombent fur des endroits qui feroient reftés dans l'ombre , s'ils fe fuffent prolongés en droite ligne , comme tangentes.

Exp. 37.

L'énergie de la force avec laquelle les corps attirent la lumière eft en raifon compofée de leur affinité avec elle , de leur denfité , de l'étendue de leur furface ; & quoique tous ces rapports fe confondent dans un même effet , il eft aifé de diftinguer le produit de chacun en particulier.

Puifque les rayons qui fe trouvent dans la fphère d'attraction d'un corps fléchiffent vers fon axe : par la déviation des rayons tangens , on peut connoître avec quelque exactitude l'énergie de cette force dans les différens corps , tant qu'ils font placés fur la même ligne & environnés du même milieu. Il importe toutefois de ne mettre en expérience que des corps fphériques ; car les autres ayant des parties plus ou moins faillantes qui difparoiffent fucceffivement, l'ombre de leur maffe n'eft-elle jamais auffi nette.

Comme les rayons forment foyer au-delà des corps opaques qui les attirent ; il eft fimple de déterminer fur la diftance focale l'énergie de la force attractive des corps fphériques de même volume, & de différente nature ou de différente denfité. *Ainfi lorfqu'à huit pieds de la toile,* **Exp. 38.** *on expofe immédiatement aux rayons folaires (1) des boules de liége , de pierre-ponce , d'ébène , de charbon, d'ivoire, de criftal-de-roche, d'étain, de cuivre , d'argent , de plomb , de poix , de cire , de plâtre , &c. d'un pouce de diamètre chacune : dans toutes , on voit un point lumineux bien marqué ; mais il eft un peu plus petit & un peu plus vif dans les fept dernières que dans les fix premières.*

Au lieu de déterminer fur le foyer des rayons l'énergie de cette force ; fi on la détermine fur

---

(1) Je le répète, les réfultats d'expériences de ce genre font bien plus nets, lorfque le foleil eft peu élevé fur l'horifon ; parce qu'alors l'ombre des corps peut être reçue au fond d'une longue chambre où il n'y auroit prefque pas de reflets.

la diminution de l'ombre totale à une diftance donnée, on retrouvera les mêmes rapports.

Exp. 39. Lorfqu'à neuf pieds de la toile (1), on expofe immédiatement au foleil les mêmes boules ; dans toutes, l'ombre eft extrêmement petite : toutefois elle paroît avoir un peu moins d'étendue dans le liége, la pierre-ponce, l'ébène, le charbon, l'ivoire, le criftal-de-roche ; que dans la poix, la cire, l'étain, l'argent, le cuivre ; mais elle en a un peu moins dans le plomb, & un peu moins encore dans le plâtre (2). Ces différences deviennent fur-tout fenfibles, quand on place la boule de liége entre celle de plomb & celle de plâtre ; & beaucoup plus fenfible, lorfqu'on met en expérience des boules d'un grand diamètre.

Or fi l'on compare l'extrême différence de péfanteur fpécifique du plomb au liége (3), à la très-petite différence dans la diminution de leur ombre à une diftance donnée, on fentira que la denfité des corps influe peu fur l'attraction de la lumière.

---

(1) On fent bien, fans que je le répète, qu'il faut toujours fixer cette diftance au point où l'ombre des corps eft la plus petite, parce qu'alors leur différence devient plus marquée.

(2) Il eft bien étrange que ce foit les corps opaques qui aient le plus d'affinité avec la lumière.

(3) La péfanteur fpécifique du liége eft à celle du plomb dans le rapport de 1 à 49.

Et fi l'on compare l'égalité apparente de l'ombre (à égale diſtance de la toile) dans des boules de matière hétérogène, comme l'ébène, l'ivoire, l'étain, le cuivre, la poix, la cire, le charbon, le criſtal-de-roche, &c. on ſentira que la différente nature des corps influe plus que leur denſité ſur l'attraction de la lumière. Ce qui paroîtra mieux encore, ſi l'on fait attention que l'ombre d'une boule de plâtre eſt un peu moins grande que celle d'une boule de plomb de même diamètre, quoique la péſanteur ſpé-cifique du plomb ſoit à celle du plâtre à-peu-près dans le rapport de 33 à 2.

Enfin ſi l'on fait attention à la très-petite différence d'étendue dans l'ombre des boules de matières ſi différentes par leur nature & leur denſité ; on ſentira que la grandeur des ſurfaces influe beaucoup plus ſur l'attraction de la lu-mière, que les deux cauſes précédentes.

Comme les rayons incidens ſur l'hémiſphère antérieur des boules ſont en partie réfléchis de deſſus ſa ſurface, & en partie abſorbés dans ſon tiſſu ; des rayons qui forment ſa ſphère d'activité, aucun ne s'étend auſſi loin que ceux qu'attire la portion qui forme ſon plus grand cercle. Auſſi, *quand on compare l'ombre de ces boules* Exp. 40. *à celle de diſques de même matière, de même diamètre, épais d'un quart de ligne, & également diſtans de la toile , ne trouve-t-on aucune différence sensible.* Il suit de-là que l'étendue de cette sphère est toujours en raison directe des circonférences: comme les

Exp. 41. faits le prouvent. *Le diamètre de l'auréole d'une boule de deux pouces est double du diamètre de l'auréole d'une boule d'un pouce : celui de l'auréole d'une boule de trois pouces est triple : celui de l'auréole d'une boule de quatre pouces est quatruple, &c.* Mais il ne faut le mesurer que lorsque l'ombre de ces boules est réduite à ses plus petites dimensions. Il est prouvé d'ailleurs que la déviation des rayons tangens à la circonférence des corps sphériques suit le rapport des circonférences, non celui des masses (1).

De la Décomposition de la Lumière.

Tous les corps connus décomposent la lumière, en l'attirant.

Exp. 42.　*Placez quelques-uns de ces corps dans le cône lumineux & à quatre pieds de la toile, leur auréole vous paroîtra beaucoup plus distincte : fixez avec soin cette auréole ; elle vous paroîtra divisée en trois petites bandes, une en-dedans indigo foncé, une en-dehors paille, & une blanche au milieu (2).*

---

(1) Voyez les expériences de l'article précédent.

(1) Quand on s'est un peu exercé à observer l'auréole des corps, il n'est guère possible de se méprendre à ces teintes : mais

L'externe étant fort petite, afin de mieux en diſtinguer la teinte, on peut la doubler: *ce qui ſe fait ſans peine en approchant par leurs bords deux* Exp. 43. *cartes, juſqu'à ce que les auréoles coïncident ; alors la bande paille s'étend , & paroît d'une teinte plus décidée.*

Comme les rayons décompoſés ſe replient ſur le corps qui attire la lumière ; pour les rendre viſibles, il faut les obliger de ſuivre leur première direction. — Quel moyen d'y réuſſir ?— Les attirer également de tous côtés, puiſqu'ils ne ſe dévient qu'en vertu du principe de l'attraction. On demandera peut-être ſi ce n'eſt pas là retomber dans la même difficulté ? Non ſans doute ; car pour peu qu'on ait d'imaginative, on ſentira que tout ſolide découpé en réſeau peut produire l'effet déſiré : mais il importe que les bandelettes qui le compoſent ſoient parallèles, & n'aient pour intervalle qu'une petite étendue. Lors donc qu'à trois pieds de la toile, on expoſe aux rayons ſolaires une carte, une lame métallique ou une plaque d'ivoire découpée de la ſorte ; on voit nettement l'ombre du réſeau bordée de raies différemment colorées. Lorſque ce réſeau eſt irrégulier, ces raies ſont

---

lorſque l'objectif n'a que trois pouces de foyer, elles ſautent aux yeux ; & plus le foyer eſt long, moins elles ſont apparentes.

irrégulières auffi. Les couleurs qu'on y diftingue conftamment font l'afur , le paille , le rofe ; & quelle que foit la fubftance du corps en expérience , les phénomènes font les mêmes : la décompofition de la lumière par la fimple force attractive des corps qu'elle environne eft donc un fait inconteftable.

Nous n'avons encore vu cette décompofition qu'en petit ; nous allons la voir en grand ; & pour la produire tout corps folide eft bon , même le plus opaque , quelle qu'en foit la forme. *Si à* *Exp. 44.* *cinq pouces du foyer , vous placez dans le cône lumineux un petit morceau de bois , une lame de plomb, un fétu de paille : vous verrez leur ombre environnée ; d'un côté , d'une large teinte bleue ; de l'autre , d'une teinte rouge plus étroite , contiguë à une teinte jaune beaucoup plus large.* Plus les rayons divergent, mieux l'ex-*Exp. 45.* périence réuffit. *Si à ces corps , vous fubftituez une carte percée d'un petit trou ; vous verrez l'ombre à la circonférence de ce trou bordée ; d'un côté , d'une teinte bleue ; de l'autre , d'une teinte rouge contiguë à une jaune.*

La lumière , immédiatement décompofée par les corps opaques, donne fouvent des couleurs *Exp. 46.* ternes : *mais ces couleurs deviennent extrêmement vives ; quand à l'aide d'un verre convexe on raffemble les rayons trop difperfés.* Cela fe voit conftamment dans la chambre obfcure , au grand cercle indigo qui

circonfcrit

circonfcrit le champ lumineux , & à la bande
colorée qui le termine inférieurement, lorfque
les rayons fe trouvent réfléchis fous un angle de
80 degrés : — phénomène toujours attribué à
des réfractions prifmatiques, & uniquement dû
à la décompofition de la lumière par les corps
qui forment la monture du microfcope folaire (1).

Pour peu qu'on examine cet inftrument, on
verra que, les bords de la glace étant cachés
fous ceux du cadre, elle préfente aux rayons
une fuperficie plane , dont les inégalités de
parallélifme ne produifent guères d'autre effet
apparent fur la toile que des ondes de vive
lumière. Quant à l'objectif ; comme il pofe fur
une portée, fes bords n'entrent pour rien dans
la réfraction des rayons raffemblés. Il eft facile
de s'en affurer par des expériences fort fimples.

Après avoir introduit dans le canon du microfcope fo- Exp. 47.
laire un tuyau de bois : fi vous l'approchez à certain
point de cette partie de l'objectif où la lumière paffe non-
décompofée, le champ lumineux paroîtra environné d'un
cercle bleu plus petit. Si vous faites tourner le tuyau , Exp. 48.
ce cercle fuivra les mêmes mouvemens. Adaptez-y une
plaque métallique percée d'un trou découpé en feftons , Exp. 49.

---

(1) On fe rappellera que je n'employe cet inftrument qu'armé
de fon objectif.

Exp. 50. *& le cercle bleu offrira le même deſſein. Enfin, faites attention à ce cercle ; vous remarquerez qu'il fait partie de l'auréole des bords du trou, & que leurs mouvemens ſont ſimultanés.*

On peut auſſi faire des expériences analogues relativement au miroir. Les raies rouge & jaune, qui terminent le champ lumineux, ſont pro-duites par la décompoſition des rayons incidens ſur le rebord ſupérieur du cadre ; *car en le cou-*

Exp. 51. *vrant d'une bande de papier ou d'une lame de métal, on voit ces raies s'avancer dans le champ ; & tout*

Exp. 52. *corps, plaqué* (1) *ſur la partie de la glace qui réfléchit*

Exp. 53. *la lumière la plus pure, produit le même effet. Cet effet d'ailleurs n'a pas moins lieu, lorſque le microſcope eſt armé d'un miroir de métal poli.*

D'après toutes ces obſervations, on pourroit croire que la lumière ne ſe décompoſe qu'à la circonférence des corps : mais lorſqu'ils ſont iſolés, comme chaque point de leur ſuperficie devient circonférence relativement à la poſition de l'œil qui obſerve, il ſuit qu'elle ſe décom-poſe ſur leur ſurface entière Il eſt mille faits connus à l'appui de cette aſſertion.

---

(1) Je dis plaqué ; car dès qu'il laiſſe quelqu'interſtice, il y a double réfraction.

Continuation du même sujet.

Jamais la lumière ne se décompose en traversant un milieu homogène, quel qu'en soit
la figure ; & toujours elle se décompose à la
circonférence d'un milieu contigu à un autre
de différente énergie (1) : mais des rayons qui
se prolongent au-delà de ce milieu, après s'y
être réfractés, ceux qui paroissent décomposés
sont tous tangens à quelque partie saillante de
sa surface (2), à moins qu'ils ne fussent déjà
décomposés avant leur incidence. *Lorsque , sur* Exp. 54.
un verre convexe gélatineux ou d'un mauvais poli , on
reçoit les rayons au centre du cône de lumière , on voit
la toile entièrement couverte d'une moucheture de diffé-
rentes couleurs , semblable au taffetas chiné : ce qui
n'arrive point , lorsque le verre est d'un bon grain & d'un
beau poli (3)

Quand on rassemble les rayons solaires à

------

(1) Ce mot se rapporte au principe de l'attraction ; & je le
substitue à celui de densité : parce qu'il est faux que ce principe
ne déploye son énergie sur la lumière qu'en raison de la masse des
corps.

(2) On sait que les rayons immédiats du soleil ne sont point
parallèles.

(3) Elle ne se décompose pas même en traversant un systéme
de lentilles, quel que soit leur diamètre & leur force réfringente , *Exp.* 55.
pourvu toutefois que le verre en soit pur & bien travaillé.

l'aide d'une lentille ; l'efpace qu'ils illuminent, avant & après leur point d'interfection, eft conftamment circonfcrit par des cercles colorés. On attribue cette décompofition de la lumière à la différente réfraction des rayons hétérogènes : mais elle ne vient que du corps opaque qui forme la monture de la lentille ; comme *Exp. 56. on le démontre à l'aide de quelque marque particulière faite au rebord extérieur.* Les rayons décompofés & repliés fur ce rebord tombent fur le verre : en traverfant ce nouveau milieu, ils fe réfractent donc chacun fuivant leur degré de déviabilité.

Exp. 57. En veut-on une autre preuve ? *Après avoir placé un carton à une diftance convenable ; refferrez le champ des rayons convergens non décompofés, à l'aide d'une plaque de plomb percée d'un trou, dont le centre correfponde à l'axe du faifceau ; & vous le verrez également ment circonfcrit par un cercle jaune bordé d'un rouge. Exp. 58. Eloignez le carton jufqu'à ce que les rayons divergent, & vous le verrez également circonfcrit par un cercle bleu Exp. 59. bordé d'un violet (1). Découpez en feftons la circonférence du trou, & ces cercles offriront le même deffein.* Le verre ne fait donc que recevoir les rayons décompofés par cette plaque. — Mais une lentille fans mon-

---

(1) Les réfultats de ces expériences ne font bien nets que dans la chambre obfcure.

ture offre les mêmes phénomènes ? — Affurément : & le moyen qu'elle ne le faffe pas ; puifque fes bords font contigus à l'air, milieu d'une
énergie très-différente. Or fur ces bords feuls
s'eft décompofée la lumière ; comme on l'obferve, lorfqu'ils font auffi découpés en feftons,
ou qu'on adapte quelque marque au-delà (1).
Au refte des rayons qui forment ces différens
cercles colorés, les feuls vifibles font ceux qui
font tangens aux parties polies de la furface
réfringente ; les autres reftent cachés dans
l'ombre (2).

Pour former les couleurs que donne le prifme
même, la lumière fe décompofe toujours aux
bords des furfaces & jamais en les traverfant (3).

---

(1) Pour que l'expérience réuffiffe, il faut que cette marque ne
faille pas plus d'une ligne, & foit un peu inclinée à l'axe du verre.

(2) Voyez l'article *des prétendus cercles d'Aberration.*

(3) Une preuve inconteftable que la lumière ne fe décompofe
point dans le prifme en s'y réfractant, ou qu'elle ne fait que s'y
réfracter lorfqu'elle eft déja décompofée : c'eft qu'une grande
furface unie de teinte mixte vue au prifme ne paroît point changer ; les bords feuls femblent différemment colorés : *c'eft que le Exp.* 60.
fpectre ne fe forme point, lorfqu'on reçoit fur le prifme le foyer
d'un faifceau de rayons folaires raffemblés par une lentille de peu
d'ouverture ; pas même lorfqu'on interpofe plufieurs autres prif-
mes. Quel que foit le nombre des verres interpofés, toujours ces
rayons forment un champ circulaire de lumière, dont les bords
feuls paroiffent circonfcrits de croiffans colorés.

* C 3

[38]

Sur le grand angle d'un prisme presqu'équilatéral, si vous avez reçu l'axe d'un faisceau de rayons solaires immédiatement introduits dans la chambre obscure, par une ouverture de huit à dix pouces en quarré (1) ; en faisant tomber l'ombre sur un carton placé verticalement à quinze pouces de distance : de part & d'autre, se traceront deux bandes colorées ; puis de part & d'autre se traceront aussi deux bandes de vive lumière, mais moins larges ; enfin du côté opposé à l'ombre, se tracera une troisième bande de vive lumière plus large que les précédentes, & séparée par une petite raie moins brillante. Ainsi toutes ces bandes se trouvent placées autour du prisme, comme autour d'un centre commun. Leur figure est déterminée par la sienne : mais l'ombre étant produite par des rayons interceptés, & les trois bandes de vive lumière étant formées par des rayons réfléchis, elles n'entrent pour rien dans notre examen. Quant aux bandes colorées, si on les examine avec soin, on les trouvera semblables : dans toutes deux, on voit du côté de l'ombre une raie rouge contiguë à une jaune ; de l'autre, une raie violette contiguë à une bleue.

Exp. 60. *Lorsqu'on éloigne le carton, ces raies s'élargissent considérablement, & de leur mélange résultent diffé-*

___

(1) Il faut que l'ouverture soit grande ; autrement la lumière tomberoit décomposée sur le prisme, comme on le verra dans l'article qui suit.

rentes teintes : mais lorsqu'on le rapproche jusqu'à Exp. 61.
certain point , chaque raie se rétrecit , & la jaune se
trouve séparée de la bleue par un grand intervale de
lumière non décomposée. Faites attention à la place
que ces raies occupent dans chaque image colorée , vous reconnoîtrez que la rouge & la
jaune viennent du bord inférieur des faces de
l'angle présenté au soleil ; tandis que la violette
& la bleue viennent de leur bord supérieur.
Cela paroît hors de doute , lorsqu'après avoir placé hori- Exp. 62.
sontalement le carton , on y fait porter par un bout la
base du prisme , sur-tout si l'un des bords inférieurs a
quelque marque particulière. Aussi , lorsqu'il est taillé
en festons , les raies rouge & jaune paroissent-
elles festonnées. J'ai dit que les raies bleue &
violette viennent des bords supérieurs de cet
angle : *on le démontre en y collant une petite lame mé-* Exp. 63.
tallique dentelée , car alors l'ombre de chaque dent paroît
environnée de bandes pareilles. Plus cette lame avance
sur une des faces de l'angle , plus ces bandes
colorées s'avancent dans le champ de lumière :
ce qui prouve que les rayons décomposés à la
circonférence de cette denture , passent au travers du prisme , & s'y réfractent simplement.
La lumière se décompose donc sur les bords
supérieurs des faces de cet angle , comme elle
se décompose sur leurs bords inférieurs.

Concluons que les rayons , qui ne sont pas

réfléchis, se réfractent dans le prisme sans se décomposer.

Continuation du même sujet.

A l'égard des expériences qui précèdent, il est clair que la lumière ne se décompose point en traversant le prisme : mais faites-nous voir qu'il en est de même à l'égard de celles de New-ton. — Faisons mieux ; prouvons qu'elle est déjà décomposée avant de tomber sur cet instrument. Comme toutes les expériences Newtoniennes portent sur une seule, nous y bornerons notre examen : la voici (1).

Quand au milieu de l'une des surfaces du prisme, on reçoit les rayons solaires immédiatement introduits dans la chambre obscure, à travers un trou de quatre lignes percé au volet de croisée ; ils s'y réfractent : mais au lieu de continuer leur route, ils se relèvent pour former sur la toile une bande oblongue qui, terminée assez nettement par deux côtés rectilignes parallèles, mais confusément par deux bouts semi-circulaires, se divise perpendiculairement à sa longueur en raies colorées d'inégale étendue. C'est cette bande que Newton nous donne pour l'image colorée du soleil.

_____

(1) Voyez son Optique, part. I, Exp. 3.

Il feroit facile de faire voir que l'orbe lumineux tracé fur la toile n'eft qu'une image folaire tronquée ; parce que les bords en font toujours plus ou moins obfcurs : mais comment reconnoître pour vraie image du foleil cette bande oblongue colorée ? Paffons toutefois là-deffus, pour démontrer que les rayons dont elle eft formée font tous décompofés avant leur incidence fur le prifme. Cette vérité eft une fuite néceffaire des expériences qui précèdent (1) ; car la lumière fe décompofe toujours à la furface des corps qu'elle environne ; mais établiffons-là fur des preuves directes. *Après avoir introduit dans la* Exp. 64. *chambre obfcure le faifceau deftiné aux expériences prifmatiques, à travers un trou de quatre lignes fait à un carton préparé avec le blanc d'Efpagne : reçu à cinq pieds de diftance au milieu d'un miroir métallique convexe, & réfléchi fur le carton, il forme un cercle lumineux d'où partent une multitude de traits colorés. Or,*

______

(1) Après avoir obfervé que la lumière fe décompofe autour de tous les corps, expofés à un petit faifceau de rayons introduits dans la chambre obfcure ; comment Newton a-t-il répété pendant trente ans fes expériences, fans fe douter qu'elle fe décompofoit de même fur les bords du petit trou deftiné à introduire ces rayons, & qu'elle tomboit toute décompofée fur le prifme ! mais ce qui paroîtra plus étrange encore, c'eft que, depuis un fiècle, les Phyficiens répètent les mêmes expériences, fans s'en douter non plus.

puifque la lumière ne fe décompofe point par réflexion, elle étoit déjà décompofée avant de tomber fur ce miroir. D'ailleurs, *quand à l'aide d'une lentille, on examine les bords du trou ; on y voit la lumière décompofée* (1) : mais pour rendre les réfultats de cette expérience plus fenfibles, il faut qu'il y ait du verre au trou la diftance du foyer, & de l'œil au verre une diftance quin-tuple. On la voit auffi décompofée dans l'efpace entier du trou, s'il n'a que demi-ligne en dia-mètre, fimplement en y appliquant l'œil : les objets même qu'on apperçoit alors en paroif-fent tous bariolés (2).

Mais nous ne fommes pas au bout de nos preuves. *Lorfqu'après avoir enlevé le miroir, on reçoit ce faifceau fur le milieu d'une lentille, à quelques pouces de diftance, de manière que leurs axes coïncident ; l'ombre des bords du trou, projettée fur la toile, paroît bordée d'un cercle indigo contigu à un cercle bleu & ter-miné par une auréole. Si l'axe de la lentille eft incliné*

Exp. 65.

Exp. 66.

Exp. 67.

---

(1) Lorfqu'on regarde le foleil ou la flamme d'une bougie, à travers un trou de fix lignes en diamètre percé dans une plaque d'acier ; fi la furface en eft bien polie, elle paroîtra couverte de franges colorées : même chofe, lorfqu'on regarde au-deffus de la flamme d'une bougie, au travers d'un trou fait avec une épingle dans une plaque de plomb.

Exp. 68.

Exp. 69.

(2) Voyez à l'article, *autre méthode de déterminer l'étendue de l'auréole*, des preuves plus frappantes de cette vérité.

aux bords du trou, leur ombre fera circonfcrite ; d'un côté, par un croiffant bleu contigu à un indigo ; de l'autre, par un croiffant rouge contigu à un jaune : & dans ces deux cas, l'efpace intermédiaire fera rempli de lumière non-décompofée. Or, il eft indubitable que ces croiffans font formés par la lumière décompofée aux bords du trou ; puifque *fur quelque par- tie d'une lentille qu'on en reçoive le faifceau, s'il tombe à égale diftance de l'axe, les croiffans gardent toujours entr'eux le même ordre ;* puifqu'ils *en prennent un inverfe, quand on les fait paffer par une feconde len- tille ;* & puifqu'ils *fe rétabliffent dans l'ordre primitif, quand on les fait paffer par une troifième.*

    Si le faifceau eft très-petit ; reçu au milieu du verre à deux pouces du volet, les rayons réfléchis fur un carton vertical formeront deux petites images du trou ; l'une, blanche en apparence ; l'autre, colorée en rouge, jaune & bleu, entièrement femblable à celle qui fera produite par réfraction du côté oppofé. Quand on regarde obli- *quement dans le prifme en expérience, on y voit par réflexion l'image du trou bordée des mêmes croiffans colorés.*

Dans un article qui fuit, on verra par la décompofition même du fpectre, qu'il fe forme de deux manières. Tant que le prifme eft en- tièrement expofé aux rayons folaires, la lumière s'y décompofe fur les bords : mais lorfqu'un faifceau de rayons ne tombe qu'au milieu de

l'une des furfaces réfringentes ; la lumière, dé-
co.r pofée au bord du trou qui lui donne paffage, fe réfracte dans le prifme, fans fubir
aucune décompofition.

Autre Méthode de déterminer l'étendue de la Sphère d'Attraction de la Lumière.

On a vu comment on peut la déterminer
dans les différens corps, par l'auréole dont leur
ombre paroît environnée aux rayons immédiats
du foleil : mais on peut la déterminer auffi à
l'aide d'une lentille, après avoir fufpendu l'objet en expérience hors d'une croifée, lorfque
le ciel eft couvert.

On peut de même la déterminer à l'aide de
divers inftrumens dioptriques ; toutefois un
angifcope de grand diamètre & de foyer moyen
eft préférable à ces inftrumens ; car à l'avantage
de faire mieux diftinguer les limites de la fphère
lumineufe des objets d'un certain volume, il
joint celui d'embraffer un champ plus étendu,
& d'offrir des images comparatives.

Pour diftinguer l'athmofphère de lumière
dont les objets font environnés, toujours leur
éloignement doit être proportionnel au champ
& au foyer du verre (1). *Quels que foient ce champ*

______

(1) Dans les globes d'un pouce en diamètre, vus à l'aide d'une

[45]

& ce foyer, le vrai point visuel est celui où, l'œil étant Exp. 75.
sur la ligne de l'axe, l'auréole paroît d'un blanc mat,
assez vif pour trancher sur l'air, particulièrement vers
les bords; mais alors sa partie qui est dans l'ombre
paroît bleuâtre. En augmentant la distance du verre à Exp. 76.
l'objet & à l'œil, on distingue au mieux la sphère d'at-
traction de la lumière; mais l'auréole paroît colorée, &
toujours d'une teinte différente relativement à ces dis-
tances.

Elle paroît aussi plus étendue; mais l'intervalle qui se trouve entre les corps en expérience a augmenté dans le même rapport : ce qui prouve que ses dimensions n'ont point changé. Si elle paroît moins grande que lorsque l'ombre de l'objet est projettée sur la toile, c'est que cet objet se trouve à une moindre distance du plan qui reçoit les rayons déviés : la force qui les dévie diminue donc proportionnellement.

Cette déviation de la lumière est soumise à des loix si constantes que les mêmes phénomènes, qu'elle offre dans l'ombre des objets, reparoissent dans leur image par l'interposition d'un angiscope : à cela près que les distances sont

---

lentille de sept pouces de foyer, éloignée de six pouces de l'œil, ce point est à quatre pieds de l'objet : je prie le Lecteur de se rappeller que les expériences qui suivent sont toutes faites avec la même lentille.

moindres ; parce que les rayons qui traverfent ce nouveau milieu font plutôt réfractés au même point.

Exp. 77. *Sufpendez hors d'une croifée un boulet d'un pouce en diamètre, & regardez-le à quatre pieds de diftance, la pupille étant à cinq pouces du centre de la lentille ; vous le verrez environné d'un cercle bleu, infcrit dans une auréole femblable à celle qui circonfcriroit fon ombre, s'il étoit expofé aux rayons immédiats du foleil. Eloignez-vous un peu, & il vous paroîtra comme un point bleu-clair, environné d'une plus grande auréole : éloignez-vous davantage, & il difparoîtra entièrement : continuez à vous éloigner, & l'efpace qu'il occupoit vous paroîtra bleuâtre, environné d'un large cercle obfcur.* Mais pour bien faire, il faut rapprocher de l'œil le verre, à mefure qu'on s'éloigne de l'objet.

Exp. 78. *En place de boule, qu'on fufpende un difque de deux pouces, percé d'un trou de fix lignes, & qu'on le regarde à la diftance de deux pieds ; fi la lentille eft à fix pouces de l'œil, l'objet paroîtra environné d'une auréole en-dehors & en-dedans. A mefure qu'on s'éloigne, ces auréoles s'étendent ; les bords de l'interne fe rapprochent peu-à-peu, enfin ils coïncident, & forment un point lumineux très-vif ; tandis que le difque paroît fe rétrecir par degrés jufqu'à reffembler à un cercle indigo très-étroit, bordé d'une teinte rouge circonfcrite par une teinte jaune.*

Exp. 79. *Dès que le cercle eft parvenu à ne plus former en*

[47]

*apparence qu'un filet , fi l'on continue à s'éloigner , il
s'obfcurcira , s'étendra & difparoîtra fous un bleu fale
environné de jaune plus fale encore : en même-tems l'auréole interne prend une teinte jaunâtre bordée de rouge ;
& toute l'auréole externe devient bleuâtre. A la diflance
de fept pieds , fi l'on approche de l'œil la lentille ; on
verra le trou du difque former un efpace jaunâtre fort
obfcur , bordé de rouge : fi l'on s'éloigne jufqu'à huit
pieds , cet efpace s'obfcurcira encore , & paroîtra au
centre d'une auréole affez claire.*

Exp. 80.

Exp. 81.

Je fupprime ici la defcription des phénomènes qu'offrent des difques découpés en petits
quarrés , en étoiles , &c. ils font femblables à
ceux qu'offre l'ombre de ces corps expofés aux
rayons du foleil ; à cela près que l'image prend
fucceffivement différentes teintes , ainfi que
l'auréole.

Enfin l'auréole des corps s'apperçoit à œil
nud , lorfqu'ils font fuffifamment rapprochés :
comme *on s'en affure en plaçant à quelques pouces de la
cornée* (1) *tranfparente une boule , mieux encore un petit
difque de plomb percé d'un trou de deux à trois lignes :*
mais alors elle paroît très-petite ; parce que
l'objet eft fi près de l'œil que les rayons incidens,

―――――――――――――――――――――

(1) Pour que les réfultats de cette expérience foient bien marqués , il faut avoir le dos tourné au foleil & la face à un carton
très-blanc.

fortement attirés par la cornée & les parties voisines, font peu détournés de leur direction.

L'auréole des corps s'apperçoit aussi à une certaine distance; lorfqu'ils font opposés à un plan fort éclairé, ou à une furface lumineufe. La lumière y paroît même décompofée, en plaçant l'objet de manière que les rayons gliffent obliquement fur fa fuperficie.

Exp. 82. *A fix pouces de l'œil & à quelques pieds d'un grand jet de flamme blanche, interpofez une clef, un étui, un crayon; leurs bords vous paroîtront tranfparens & d'un rouge vif.*

Exp. 83. *Lorfque le ciel eft couvert d'un léger brouillard, entourez une croifée, & fermez-en les volets, enforte qu'il n'y ait entr'eux que trois lignes d'intervalle; fixez enfuite le ciel au travers de cette ouverture, ou plutôt fixez cet efpace intermédiaire; fi vous en êtes à quinze pieds de diftance, vous le verrez coupé dans fa longueur par une raie rouge plus ou moins vive, & il paroîtra circonfcrit de bleu.*

Exp. 84. *Les volets étant affez entr'ouverts pour que la raie rouge difparoiffe, reprenez votre place, interpofez enfuite verticalement le doigt à fix pouces de l'œil, & portez-le peu-à-peu vers l'un des bords; lorfqu'il fe trouvera prefque fur la même ligne, vous le verrez immédiatement bordé d'une raie rouge contiguë à une raie jaune plus large.*

Exp. 85. Faites mieux. *Dans une chambre où la lumière n'entre n'entre que par une ouverture de trois pouces en quarré, oppofez contre le ciel un carton découpé en bandes fort étroites efpacées de deux lignes chacune; fi vous le regardez à quinze pieds de diftance, les efpaces intermédiaires paroîtront non-feulement aggrandis, mais coupés dans leur longueur par une raie rouge; tandis que les bandes feront d'une teinte bleue.*

A ce carton fubftituez-en un autre, percé de plufieurs Exp. 86. *trous de deux lignes en diamètre; à la même diftance, ces trous paroîtront autant d'étoiles bordées de bleu, au centre defquelles brillera un point rouge.*

On fent bien que la diftance où ces phénomènes font le plus fenfibles varie avec la vûe du fpectateur; & même ils ne paroiffent jamais bien nets qu'à des yeux exercés : mais pour chercher le point précis, il faut n'avoir qu'un œil ouvert.

De quelque côté qu'on regarde un corps ifolé fufpendu; fi fa forme change, celle de l'auréole dont il eft environné y correfpondra toujours : il fuit delà que de quelque côté que vienne la lumière, fes rayons font toujours déviés, fuivant les mêmes loix : de cette multitude de rayons qui fe croifent en tout fens, on n'apperçoit néanmoins jamais que ceux qui fe trouvent dans la direction de l'axe vifuel.

Mais pourquoi ne voit-on pas toujours les

objets environnés de leur auréole ? C'eſt qu'in-dépendemment de ce qu'ils ne coupent pas tou-jours ſur un fond vivement éclairé, le foyer des rayons qui la forment n'eſt pas le même que celui des rayons réfléchis de deſſus leur ſur-face. Par cette raiſon auſſi nous ne voyons pas les objets couverts d'un mélange de couleurs; malgré que la lumière qui forme leur auréole ſoit décompoſée à leur circonférence: car les rayons hétérogènes, n'étant pas également dé-viables, ne ſauroient former foyer commun, ni devenir viſibles à la fois. Tel eſt l'art admi-rable avec lequel la nature a conſtruit l'organe de la vûe, qu'en donnant à ces rayons différens foyers, ils peuvent rarement faire confuſion.

De la Figure de la Sphère d'Attraction de la Lumière.

L'auréole ſuit conſtamment les contours de la circonférence des corps qu'elle environne; & comme la lumière ſe décompoſe toujours dans cette ſphère d'attraction, il eſt clair qu'elle doit s'y décompoſer par couches parallèles.

Exp. 87.   *Après avoir ſuſpendu contre le ciel couvert un petit diſque d'ivoire, découpé en cercles concentriques fort étroits, eſpacés d'une ligne chacun; placez à treize pouces de diſtance une lentille de ſix pouces de foyer:*

l'œil étant sur la ligne de l'axe du verre, regardez le disque ; chaque cercle sera bleu, & chaque espace intermédiaire sera orangé. Si vous faites attention à la teinte bleue, elle vous paroîtra divisée en une multitude de cercles blancs & azur, extrêmement étroits & placés alternativement.

Remplacez ce disque par un autre découpé en petites Exp. 88. *bandes droites également espacées, & regardez-le de la même manière ; les phénomènes seront semblables, à cela près que les bandes orangées comme les bleues se retrouveront divisées en petits filets de leur couleur, séparés par de petits filets blancs.*

Des Couleurs primitives.

Elles se bornent au jaune, au rouge, & au bleu ; car quelque corps isolé qu'on expose aux rayons de lumière, lorsqu'ils paroissent se décomposer, toujours on parvient à n'avoir que ces trois couleurs différentes, soit dans la chambre obscure, soit en plein air, soit à la clarté du soleil, soit à celle d'une bougie.

Cela paroît clairement, lorsqu'on place d'un côté Exp. 89. *de l'axe du cône lumineux une lame fort étroite, quelles qu'en soient la forme & la substance : mais afin que les rayons décomposés à sa circonférence ne se trouvent pas trop éparpillés, il faut les faire passer par un verre convexe ; & crainte qu'ils n'enjambent les uns sur les autres,*

il ne faut donner au verre qu'un certain degré d'obli-
quité : or , une fois bien féparés , ils ne fubiffent plus
aucune décompofition. Cela paroît clairement auffi ,
lorfqu'on fixe au travers d'une lentille cette petite lame ,
après l'avoir oppofée au ciel couvert. Cela paroît clai-
rement encore , lorfqu'on en reçoit l'ombre fur un carton
blanc , après avoir interpofé la lentille (1).

Ne nous bornons pourtant pas à ces preuves, quelques fortes qu'elles foient ; faifons voir que le prifme même ne donne que trois couleurs inaltérables, & décompofons toutes les autres.

On regarde les fept couleurs du fpectre comme vraiement primitives, » parce qu'on n'a pu encore les décompofer par quelqu'art que ce foit « : mais les vains efforts de ceux qui jufqu'à préfent ont tenté l'entreprife, tiennent uniquement aux mauvaifes méthodes dont ils ont effayé.

Lorfque le fpectre eft ftationnaire (comme on dit), en faire difparoître une feule couleur, fans intercepter aucun des rayons qui le compofent, feroit affurément démontrer qu'il n'eft pas indécompofable : mais la démonftration fera plus complette, fi, fans toucher au prifme & fans intercepter aucun rayon, la compofi-

---

(1) En expofant cette lame aux rayons folaires, il faut avoir foin qu'elle ne foit pas oppofée au centre du verre.

[53]

tion ou la décompofition du fpectre fe fait par degrés toujours croiſſans ou décroiſſans. Tel eſt l'avantage des méthodes que nous allons employer : dans toutes, on voit qu'il n'eſt formé que de trois eſpèces de rayons hétérogènes ; & on fuit à l'œil (pour ainſi dire) la combinaifon de ces principes conſtituans.

Si fous un angle convenable , on reçoit au milieu de l'une des faces de l'angle réfringent le faiſceau deſtiné aux expériences prifmatiques , l'ombre des bords du trou projettée fur un carton à quelques pouces de diftance paroîtra environnée de divers croiſſans colorés. Qu'on éloigne par degrés le carton juſqu'à 15 ou 18 pieds ; bientôt on verra fe former la prétendue image du foleil , par la divergence & l'anticipation des rayons de ces croiſſans. Exp. 92.

Exp. 93.

Lors qu'à cinq pieds de diftance , on regarde au travers d'un priſme le trou qui donne paſſage au faiſceau ; on a une image parfaite du fpectre : mais on l'a pareillement, lorſqu'à la même diftance on regarde de la forte un trou de pluſieurs lignes en diamètre , percé au milieu d'un carton oppofé au ciel couvert. Or , dès qu'on s'approche du trou, on voit le fpectre fe raccourcir peu-à-peu ; enfuite la bande verte s'affoiblit & fe rétrecit , tandis que la jaune s'arrondit & s'étend ; puis la bande verte difparoît tout-à-fait. Déjà la bleue eſt contiguë à la jaune , bientôt la rouge & la jaune ne forment plus qu'un orbe en deux croiſſans adoſſés & féparés par une Exp. 94.

Exp. 95.

petite raie orangée. La raie jaune s'éclaircit à son tour ; elle tranche sur la rouge & la bleue ; la bleue devient plus vive , & la jaune s'affoiblit encore. Peu-après elles sont séparées par un petit espace non-coloré : cet espace s'étend , se dilate , s'arrondit ; les croissans jaune & rouge diminuent , la teinte bleue s'affoiblit , la violette disparoît ; enfin l'espace non-coloré est presqu'orbiculaire. Alors on voit distinctement le bord supérieur du trou environné d'un croissant rouge contigu à un jaune ; & le bord inférieur , d'un croissant indigo contigu à un bleu. Ces couleurs des extrêmes du spectre sont constantes ; & elles sont très-vives , très-brillantes , très-pures ; au lieu que les teintes qui résultoient de leur mélange n'étoient point décidées.

Exp. 96. Lorsqu'à trois pieds du prisme , on reçoit au milieu d'une lentille de six pouces de foyer le faisceau des rayons solaires , on a le spectre renversé : mais en rapprochant peu à-peu la lentille jusqu'à la distance de dix pouces (1) , on le voit diminuer en longueur & se décomposer , comme dans l'expérience qui précède.

Exp. 97. Enfin on le voit se décomposer de même , lorsqu'on le regarde à certaine distance au travers d'un prisme qu'on fait tourner sur son axe (2).

---

(1) Passé ce point, il se recompose de nouveau dans le même ordre qu'il a , lorsque la lentille n'est pas interposée.

(2) Voilà plusieurs manières bien simples de décomposer le spectre : mais comment ont-elles échappé à tant d'Observateurs

[55]

On objectera peut-être que la lumière décomposée fur les bords du trou n'entre pour rien
dans la formation du spectre ; puisqu'*il ne se forme
pas moins lorsque l'ouverture est assez grande pour que* Exp. 98.
*l'ombre de ses bords ne porte pas sur la première surface
de l'angle réfrigent.* — Mieux que cela : *il ne se forme
pas moins , lors même que cette ouverture est assez grande* Exp. 99.
*pour que le prisme entier soit exposé aux rayons solai-
res ; & qui plus est , lorsque le prisme est en-dehors du
volet de la chambre obscure.* Mais alors la lumière Exp. 100.
est décomposée fur les bords des faces de l'angle
présenté au soleil ; comme je l'ai observé plus
haut. Pour s'en convaincre , *il suffit d'approcher par degrés le carton où est projetté le spectre. A
mesure qu'il s'avancera vers le prisme , on le verra diminuer en longueur & augmenter en largeur ; bientôt les
croissans colorés perdront peu-à-peu de leur courbure. A
la distance de huit pieds , déjà ils ne seront plus que de
longues bandes parallèles , dont les teintes n'auront point
encore changé d'ordre. Mais en continuant d'approcher ,
ces bandes se rétrecissent insensiblement ; la verte , l'orangée , la violette disparoissent ensuite ; puis la rouge &
la jaune sont séparées de la bleue & de l'indigo par un
espace de lumière non-décomposée. Ces raies continuent*

---

attentifs, à tant de Scrutateurs de la Nature ? Le croiroit-on , il
est peu de Physiciens qui n'aient été plusieurs fois sur la voie de
cette découverte, sans s'en être douté.

D 4

à se rétrecir : enfin lorsque le carton est à quelques pouces du prisme, l'image n'est plus formée que d'un filet bleu contigu à un indigo, produits par le bord supérieur de la première surface réfringente ; & d'un filet jaune contigu à un rouge, produit par le bord inférieur de la même surface : comme on s'en assure en y portant le bout d'un poinçon.

S'il est démontré que les couleurs du spectre sont produites, ou par les rayons décomposés sur les bords du prisme lorsqu'il est entièrement exposé au soleil, ou par les rayons décomposés aux bords du trou fait au volet de croisée lorsqu'on reçoit au milieu de la première surface réfringente le faisceau introduit dans la chambre obscure ; il n'est pas moins démontré que toutes les teintes qu'on y remarque sont produites ; dans le dernier cas, par la dilatation de trois croissans différemment colorés qui bordent l'ombre du trou ; dans le premier cas, par la dilatation de trois bandes différemment colorées qui bordent l'ombre du prisme.

J'ai dit, que le spectre n'est formé que de trois espèces de rayons hétérogènes : en voici des preuves incontestables : mais ne quittons *Exp. 101.* point notre expérience. *Lorsque ces bandes projettées sur un carton se trouvent séparées par un grand champ de lumière pure ; si vous présentez alternativement à l'un des bords de la première surface réfringente*

[57]

une petite lame métallique , la partie visible de son ombre paroîtra couverte des mêmes bandes colorées dont le champ est bordé. Si vous avancez cette lame de manière que l'ombre entière s'apperçoive ; vous la verrez couverte de trois bandes colorées semblables , mais rangées en ordre inverse : d'un côté , la bleue avance le plus dans le champ de lumière ; de l'autre côté , c'est la jaune ; & toujours la rouge est intermédiaire. A cette lame si vous substituez un petit disque percé d'un trou , Exp. 102. *les raies colorées auront la forme de croissans ; mais les phénomènes seront identiques.* Le spectre n'est donc formé que d'une partie des rayons décomposés sur deux bords correspondans du trou qui donne passage au faisceau solaire : ainsi les teintes indigo & violette sont produites par le mélange des rayons du croissant bleu & du croissant rouge contigu, mais qui se trouve caché dans l'ombre ; l'orangée , par le mélange des rayons des croissans rouge & jaune contigus ; tandis que la verte résulte du mélange des rayons qui forment les croissans opposés bleu & jaune.

On a vu qu'un trou fait au milieu d'un carton regardé au travers du prisme , donne une image semblable au spectre. Or, dans les expériences de Newton , presque tout se réduit à faire voir sur la toile une suite de couleurs qu'on voit encore mieux , en regardant de la sorte un corps qui fait solution de continuité ou deux corps continus parallèles. Ayons donc recours à cette méthode , comme à la meilleure de se servir du prisme. Mais nous commencerons par des corps continus ; puis nous en viendrons aux corps qui font solution de continuité.

Exp. 103.   *Lors donc qu'à trois pieds de distance , on regarde au travers du prisme un objet isolé , tel qu'un cilindre de bois (long de six pouces sur quinze lignes en diamètre) suspendu horisontalement au-dessus du niveau de l'œil (1) ; on le voit couvert d'une teinte indigo , bordée d'un côté , d'une bande bleue ; de l'autre , d'une bande rouge contiguë à une orangée , terminée par une jaune.*

---

(1) Il ne faut point regarder l'objet en expérience du côté où tombe la lumière , parce que tout objet qui l'ébranle ou qui la réfléchit envoie des rayons en tout sens ; ce qui empêche qu'on ne juge du degré de déviabilité des hétérogènes qui ont la même direction : d'ailleurs les rayons décomposés à la circonférence , se mêlant aux rayons réfléchis de dessus la surface , produisent toujours de la confusion. Ce seroit pis encore , si l'on opposoit derrière un carton de couleur , car sa teinte se mêleroit aussi à ces rayons décomposés , & il en résulteroit d'autres couleurs mixtes. La meilleure méthode est donc de l'opposer à un ciel couvert , puisqu'elle pare à ces inconvéniens : car quelle que soit la nature des corps opaques en expérience ; comme ils sont toujours vus dans l'ombre , leur coloris n'est compté pour rien ; & comme ils attirent & décomposent toujours les rayons qui se trouvent dans leur sphère d'activité , il est facile de distinguer ceux qui s'y dévient le plus.

Lorsqu'on fait tourner d'un côté le prisme sur son axe, Exp. 104.
ces bandes s'élargissent, sans changer de teinte : lors-
qu'on le fait tourner du côté opposé, ces bandes se rétre-
cissent, la bleue se rapproche de la rouge, l'indigo dis-
paroît entièrement par degrés, de même que l'orangée ;
puis la rouge change de teinte ; enfin on ne distingue
plus qu'une large bande rouge au milieu d'une bleue &
d'une jaune. A la distance de douze à quinze pieds, Exp. 105.
les trois bandes colorées augmentent en largeur & dimi-
nuent en longueur ; mais elles sont toujours très-bien sépa-
rées : alors on a beau tourner le prisme sur son axe, elles
ne changent point de teinte, & ne se mêlent plus. A me-
sure qu'on s'éloigne ces bandes continuent à diminuer en Exp. 106.
longueur & à augmenter en largeur ; & leurs couleurs,
toujours bien séparées (1)*, ne font que s'affoiblir.*

Au cilindre en expérience substituez des boules de cire, Exp. 107.
d'ébène, de plomb, d'un pouce ou deux en diamètre
chacune, les phénomènes seront les mêmes ; à cela près
que les teintes dont elles sont environnées auront la forme
de croissans : mais celle d'indigo sera à-peu-près ellip-
tique. Remplacez ces boules par une d'ivoire ; & la teinte Exp. 108.
intermédiaire sera violette au lieu d'être indigo.

Si l'on fait attention à la forme de cette teinte,
& à la position des croissans ; on s'appercevra
qu'ils sont formés par trois orbes colorés, pla-

---

(1) La séparation de la bleue & de la rouge est cependant plus
marquée que celle de la rouge & de la jaune.

cés fur même ligne à la fuite l'un de l'autre,
& coupés par leurs diamètres lorfque l'axe du
Exp. 109. prifme eft moyennement incliné. *Ce qui paroît hors
de doute, dès qu'à vingt pouces de diftance on regarde
une boule de plâtre du côté éclairé, après avoir placé*
Exp. 110. *derrière un carton blanc. A mefure qu'on fait tourner le
prifme fur fon axe, c'eft-à-dire, à mefure qu'on incline
plus ou moins aux rayons décompofés la première furface
réfringente, ces orbes s'allongent ou fe raccourciffent.
Dans le premier cas, la teinte violette ou indigo formée
par l'interfection des orbes bleu & rouge s'étend confidérablement : dans le dernier cas, les teintes mixtes difparoiffent, & l'image eft formée de trois difques égaux
pofés l'un fur l'autre, & tous plus clairs en couleur.*
Exp. 111. *Au lieu de tourner le prifme fur fon axe, qu'on s'éloigne ;
on verra ces orbes fe dégager peu-à-peu fans chan-
ger d'ordre. A la diftance de deux toifes, ils feront totalement féparés ; à une plus grande diftance, l'intervalle
qui les fépare augmentera. Alors quelque inclinaifon
qu'aient les furfaces réfringentes, ces orbes (1) s'allon-
geront ou fe raccourciront ; mais ils ne fe mêleront point.*
Voilà donc les couleurs que donne le prifme
parcillement réduites à trois.

Les vraies couleurs primitives font celles qui

---

(1) L'orbe rouge eft un peu déformé par la trop grande divergence des rayons de cette couleur : l'orbe jaune l'eft davantage
encore.

réfultent de la décompofition de la lumière à la circonférence des corps, lorfque les rayons hétérogènes font bien féparés par un prifme ou une lentille ; car quoiqu'elles augmentent ou diminuent en intenfité, à mefure qu'ils font en plus ou moins grand nombre, jamais elles ne changent de teinte. Or, le bleu eft *bluet* ; le rouge, *carmin* ; le jaune, *jonquille*.

L'union de ces trois couleurs forme la vive clarté ; leur abfence totale forme l'obfcurité parfaite ; leur abfence partielle forme les dégradations d'ombre; & leur combinaifon forme avec la préfence ou l'abfence de la lumière non-décompofée, les différentes teintes connues. Que d'expériences à l'appui de cette vérité ! mais en voici quelques-unes également fimples & décifives.

Pour faire voir le mélange des couleurs, on a toujours recours à des moyens mécaniques, toujours on fe fert de morceaux de drap ou de carton colorés ; ne nous fervons que des couleurs primitives mêmes. Dans l'arrangement que prennent à la furface des corps les rayons hétérogènes ; comme le rouge eft toujours contigu au bleu & au jaune, dès qu'il fe mêle à l'un ou à l'autre, il en réfulte des couleurs mixtes qui varient avec les proportions des rayons intégrans.

Lorfque le rouge fe mêle au bleu ; s'il entre en plus petite quantité, la teinte mixte eft indigo ; elle eft violette, s'il entre en plus grande quantité. Lorfqu'il fe mêle au jaune ; s'il entre en plus grande quantité, la teinte mixte eft couleur de fang ; elle eft orangée, s'il entre en plus petite quantité. *Cela s'obferve à merveille dans un cilindre d'un pouce en diamètre vu au travers du prifme ; lorfqu'on fe rapproche de l'objet, après s'en être mis à quinze pieds de diftance.*

Le jaune & le bleu, étant aux extrêmes de l'image d'un corps ifolé (1), ne fauroient fe mêler : auffi, à quelque diftance qu'on le regarde, ne voit-on jamais de verd, lors même que l'image fe trouve le plus raccourcie par l'inclinaifon des furfaces réfringentes : mais il paroît à l'inftant que la raie bleue qui environne un corps fe confond avec la raie jaune qui environne un autre corps placé parallèlement.

Exp. 112. *Cela s'obferve à merveille auffi ; quand on fubftitue à un cilindre ou à une boule un anneau ou un quadrilatere : car ce n'eft qu'aux angles des bandes & aux points d'interfeĉtion des croiffans, que les couleurs fimples fe mêlent & produifent des couleurs mixtes.*

D'après notre méthode de décompofer la

---

(1) Il faut que le corps foit ifolé ; autrement la teinte du fond fe mêle aux rayons décompofés, & change leur couleur.

lumière dans la chambre obfcure , les couleurs primitives font toujours pures , lorfque le corps en expérience eft extrêmement étroit : mais dès qu’il a certaine largeur ; les rayons des différentes couches de l’auréole étant plus ou moins déviés , ne font pas tous féparés fur la toile. Or , comme le rouge eft contigu au bleu & au jaune , la bande qu’il forme fe trouve en partie dans l’ombre , & elle altère néceffairement les bords en contact des autres bandes colorées : auffi la bleue & la jaune ne font-elles pures qu’à leurs bords contigus au champ de lumière ; du côté de l’ombre , elles font ou orangée ou indigo.

Si les couleurs fimples ne font pas toujours pures , lorfque les rayons fe décompofent à la circonférence des corps dans la chambre obfcure : ce n’eft que là pourtant où elles peuvent avoir tout leur éclat ; parce que la lumière s’y décompofe en grande maffe , & que l’image produite n’eft prefque point affoiblie par des reflets : au lieu qu’il ne tombe fur le prifme qu’une petite partie des rayons décompofés à la circonférence des objets ; auffi les couleurs qu’il donne font-elles toujours foibles.

Quand les corps en expérience font près du foyer du Exp. 113. *cône lumineux , la lumière fe décompofe à leur circonférence en plus grande maffe encore : alors , fi l’on raffem-*

[64]

ble les rayons décompofés à l'aide d'une lentille, rien
n'égale la vivacité de leurs couleurs : comparez-les à celles
du fpectre , & ces dernières vous paroîtront ternes ; faites-
les tomber à côté , & elles vous paroîtront lavées (I).

Ce n'eft que par notre méthode non plus , qu'on peut rendre vifibles les demi-teintes qui réfultent du mélange de la lumière non-décompofée & des couleurs primitives. Mêlée en grande quantité aux rayons bleus , elle forme *le bleu-de-ciel :* mêlée en grande quantité aux rayons jaunes , elle forme *le paille :* mêlée en grande quantité aux rayons rouges , elle forme *le rofe.* Et plus ces rayons font rares , plus ces teintes font claires ; comme on le voit aux bords des bandes colorées qui environnent l'ombre d'un anneau placé au centre du cône lumineux près du foyer ; mieux encore, aux bandes colorées qui bordent l'ombre d'un réfeau expofé dans ce cône à quelques pieds de la

---

(1) Le fpectre , comme on l'a vu, eft formé par la divergence des rayons qui compofent les croiffans colorés , qu'on obferve aux bords de l'ombre du trou deftiné à donner paffage aux rayons folaires. Ces croiffans font féparés par un champ de lumière non décompofée. En fe réfractant dans le prifme , cette lumière fe mêle aux rayons hétérogènes , & rend leurs couleurs lavées , foibles, ternes. Au lieu que par notre méthode de décompofer la lumière dans la chambre obfcure, les rayons colorés ne fe mêlent à la lumière non décompofée qu'aux bords de l'auréole.

toile.

toile. Or à cette diftance les rayons font foit divergens, conféquemment fort rares.

Paffons à des preuves d'un autre genre.

En démontrant que les couleurs brillantes, qui bordent le champ lumineux, (lorfque les rayons font réfléchis dans la chambre obfcure fous un angle de 80 degrés) viennent de la décompofition de la lumière par les corps opaques qui font l'armure du miroir & de l'objectif ; j'ai fait voir que tout corps opaque appliqué fur le miroir d'acier préfente les mêmes phénomènes : on peut donc auffi faire ufage de cette méthode.

Si les corps dont on fe fert pour décompofer la lumière ont des furfaces planes & liffes, jamais ils ne donneront que les trois couleurs primitives, bleu, rouge, jaune. Ainfi, *lorfqu'on approche deux petites lames métalliques plaquées fur le* **Exp. 116.** *miroir, jufqu'à ce que les bandes colorées coïncident ; de leur mélange réfulteront plufieurs couleurs mixtes. Si ces lames ne font ni bien dreffées, ni bien polies ; ces* **Exp. 117.** *couleurs s'entrecouperont :* car de la fimple inégalité de furface des bords fupérieurs du cadre du miroir réflexif, vient le bariolage qu'on obferve dans la petite bande nuancée, au bas du champ lumineux.

Or, à voir la multitude des teintes différentes

E

qui réfultent du mélange de trois couleurs fimples, qui ne feroit ravi d'admiration!

De la proportion des Rayons Hétérogènes d'un Rayon compofé.

Exp. 118. *Après avoir placé au milieu du cône lumineux , &*
à quelques pouces du foyer , un petit difque découpé
en plufieurs cercles concentriques très-étroits ; fi on in-
terpofe une lentille à une diftance convenable , l'ombre
de chaque cercle paroîtra couverte de trois bandes colo-
rées , d'égale étendue & d'égale intenfité.

Exp. 119. *Après avoir fufpendu ce difque contre un Ciel couvert ,*
fi on le regarde au travers d'une lentille , les mêmes
phénomènes auront lieu.

Pour compofer la lumière, les rayons hétérogènes fe combinent donc en mêmes proportions.

De la Réfrangibilité des Rayons Hétéro-gènes.

ELLE a toujours été confondue avec leur
déviabilité : cela eft inconteftable , puifque
ceux qui tombent fur le prifme font déjà déviés aux bords du trou qui leur donne paffage ;

or, s'ils paroiſſent enſuite ſe réfraĉter les uns plus que les autres, c'eſt parce que leur angle d'incidence n'eſt pas égal.

Quoique différemment déviables, ces rayons ne ſont pas différemment réfrangibles. C'eſt peu d'avoir établi dans cet ouvrage tant d'aſſertions oppoſées aux idées reçues; il faut auſſi que j'en établiſſe qui n'ont l'air que du paradoxe : je ne cours certainement pas après la ſingularité ; mais ce n'eſt pas ma faute, ſi ceux qui ont écrit avant moi ſur cette matière ont confondu des objets qu'ils devoient diſtinguer.

Venons à mes preuves. Elles conſiſtent dans la meſure préciſe de la diſtance focale des dif-férens rayons dont la lumière eſt compoſée : mais comme il eſt extrêmement difficile de ſéparer un faiſceau de chaque eſpèce, aſſez grand pour couvrir la ſurface entière d'une lentille ; au lieu de rayons décompoſés à la circonférence des corps on doit ſe borner aux rayons décompoſés à leur ſurface, c'eſt-à-dire, à des rayons hétérogènes réfléchis. Pour les avoir purs, il ne faut mettre en expérience que des corps dont la teinte ſoit ſemblable à la couleur primitive correſpon-dante ; & pour que leur angle d'incidence ſoit égal, il ne faut mettre en expérience que des corps de même diamètre.

Exp. 120.   *Lors donc qu'après avoir exposé au soleil ou au grand jour trois bandes égales , peintes sur blanc en couleurs primitives , & rangées perpendiculairement sur une ligne horisontale ; si à quelques pieds de distance on place parallèlement sur la même ligne le côté de la chambre noire où est adapté l'objectif, on trouvera que le point où elles se peignent toutes avec la plus grande netteté possible sur un plan vertical parallèle , est le même pour chacune.*

Mais pour que l'expérience soit plus exacte encore , il importe que les rayons ne soient réfléchis que de dessus des plans circulaires , ou des corps sphériques. *Or , quand à trois pieds d'une lentille de soixante pouces de foyer , on a placé alternativement des cartons où se trouvent des disques d'égal diamètre , peints en l'une des couleurs primitives chacun ; si on reçoit leurs rayons réfléchis sur un plan parallèle à la lentille & au carton , le point précis où les images auront toute leur netteté sera le même pour chacune.*

Exp. 121.   *Ce point sera aussi le même , si les couleurs sont mixtes ; comme on s'en assure quand on met en expérience des*

Exp. 122. *disques peints en verd , en violet , en noir , &c. Il sera le même encore , si sur une pointe placée à égale distance , on fixe alternativement des boules d'égal diamètre peintes en différentes couleurs. Enfin il sera le même ,*

Exp. 123. *quel que soit le foyer & le pouvoir réfringent du verre inter-*

pofé (1) : *mais il paroîtra de la dernière précifion* (2) *, fi au lieu d'être plans , le carton où les difques font peints & celui où leurs images font projettées forment une furface concave de même fphéricité que la lentille* (3) *, & fi les difques font rangés à égale diflance autour d'un centre* Exp. 124. *commun.* Puis donc que les diftances focales font les mêmes, quelle que foit la couleur des corps, les rayons hétérogènes font également réfrangibles.

Faites avec des (*) inftrumens de la dernière précifion & avec toute l'exactitude poffible, ces expériences donnent conftamment les mêmes réfultats. Newton toutefois en établit de con-

---

(1) Ces expériences répétées avec des boules de 36 lignes en diamètre, & des lentilles de dix, vingt, trente pieds de foyer, l'objet étant éloigné du double; il n'a pas été poffible d'appercevoir la moindre différence dans la diftance focale des rayons hétérogènes , malgré que le ciel fût très-pur. Or c'eft ici une nouvelle preuve de la fauffeté de la doctrine de l'aberration de réfrangibilité : mais je renvoie cette obfervation à l'article d'une nouvelle théorie des lunettes acromatiques.

(2) Le point où l'image des boules a toute fa netteté eft celui où le point radieux, qui paroît au haut de celle des boules brunies, a toute fa blancheur.

(3) Il eft indifférent que les difques foient peints fur une furface plane , pourvu que le côté de la lentille qui leur eft oppofé foit plan.

(*) On verra dans la defcription de mon appareil , fur la lumière , celle d'un réfracto-mètre également fimple & précis.

E 3

traires : je n'ai garde de fufpecter la véracité de ce grand homme ; mais je ne puis me difpenfer d'obferver que la manière dont il s'y eft pris, eft très-défectueufe.

Le premier défaut de l'unique expérience directe, fur laquelle il s'appuie, eft d'être faite avec des teintes obfcures fur fond noir ; car elles s'y diftinguent mal : d'ailleurs le noir n'eft guères apperçu que par des rayons bleus réfléchis, comme on le verra ci-après ; ce qui doit jetter de la confufion dans les images.

Un autre défaut de cette expérience eft d'être faite avec des fils noirs pour marque de renfeignement : car qui ne fent qu'ils doivent peu s'appercevoir fur fond obfcur ? Pour juger de la netteté de l'image de ces bandes colorées par celle d'un fil, du moins eût-il fallu le choifir blanc, fi tant eft qu'il en eût même fallu aucun.

Un troifième défaut de cette expérience eft d'être faite à la fimple clarté d'une chandelle, toujours trop foible pour diftinguer à la diftance de douze pieds des fils noirs fur des teintes obfcures.

Un quatrième défaut de cette expérience eft que l'image des bandes colorées ne foit pas reçue dans une petite chambre noire, afin d'éviter une multitude de reflets qui nuifent néceffairement à la netteté des réfultats.

L'expérience de Newton eft donc manquée.

A en juger par la diftance focale des rayons réfléchis, il eft conftant que l'angle de réfraction des hétérogènes eft égal. J'ai démontré cette vérité par une fuite d'expériences décifives : au premier coup-d'œil, elle paroît néanmoins fe démentir, lorfqu'on regarde au prifme différentes couleurs fur même fond ; mais bornons-nous aux primitives.

Quand à une diftance donnée, on regarde de la forte Exp. 135. *trois bandes égales* (1) *peintes fur papier, & placées horifontalement fur une même ligne, la jaune femble autant au-deffus ou au-deffous de la rouge, que la rouge femble au-deffus ou au-deffous de la bleue.*

En répétant cette expérience à différentes diftances, ou en faifant tourner le prifme fur fon axe, les réfultats font les mêmes : d'où l'on pourroit inférer que les rayons rouges ont une réfrangibilité moyenne. Si de fa première expérience Newton inféra qu'ils font moins réfrangibles que les bleus, c'eft que la lumière décompofée fur les deux longues bandes colorées, & fur les deux noires qui les bordent, donne le change : car lorfque ces bandes font paral-

---

(1) De fix pouces en longueur fur deux en largeur.

lèles aux côtés du prisme, chacune se trouve couverte de plusieurs raies de couleurs primitives, placées dans le même sens; ce qui produit une étrange confusion. De ces raies, vûes sur différens fonds, résultent toujours différentes teintes. Dans l'expérience dont il s'agit, les couleurs primitives qui couvrent les bandes noires produisent les teintes les plus fortes. Vûes par l'angle réfringent supérieur, la raie bleue qui termine les bandes noires se joint à la bande peinte en bleu, & la fait paroître plus élevée; tandis qu'elle forme avec la bande peinte en rouge une teinte violette foncée qui la fait paroître plus basse. Vûes par l'angle réfringent inférieur, les phénomènes sont inverses. S'il restoit le moindre doute sur la cause à laquelle je les attribue : pour le dissiper *il suffi-*

Exp. 126. *roit de regarder au prisme de pareilles bandes peintes sur blanc, entre deux parallèles noires prolongées au-delà.*

Au reste toutes les expériences de ce genre sont illusoires; car malgré la difficulté de distinguer au premier coup-d'œil les rayons décomposés sur les bords des bandes peintes, des rayons réfléchis de dessus leurs surfaces; si on y regarde de près, on reconnoîtra que les derniers sont également réfractés; puisqu'ils ne paroissent plus élevés ou plus abaissés les uns que les autres, qu'au moyen du mélange des premiers. *Qu'on examine avec soin les raies colorées que couvrent les parallèles noires, on verra qu'elles forment des droites dans toute leur étendue ; & que la teinte des bandes de couleur qu'elles bordent change ou se conserve, à mesure qu'elle est différente ou analogue à celle de ces raies.* Exp. 127.

Qu'on examine ensuite avec soin les raies colorées qui bordent les bandes peintes sur blanc, & l'on retrouvera les mêmes résultats. Exp. 128.

Enfin l'œil appliqué au prisme, qu'on s'approche peu-à-peu des objets en expérience ; & les résultats seront mieux marqués encore : mais alors les raies colorées & les bandes de couleur, s'arquant peu-à-peu, formeront des segmens de cercle, au lieu de former des droites. Exp. 129.

Ainsi quoique le prisme paroisse d'abord invalider nos conséquences , il sert pourtant à les confirmer ; lorsqu'on n'est pas observateur superficiel.

Concluons que les rayons hétérogènes sont tous également réfrangibles : on en verra ci-après le pourquoi.

De la Déviabilité relative des Rayons Hé-
térogènes.

Newton a bien découvert que les rayons
hétérogènes font différemment déviables (1) :
mais fes expériences ne prouvent pas que les
rayons homogènes aient tous un même angle
de déviation ; puifque les bandes colorées
du fpectre, au lieu de trancher les unes fur
les autres, forment une dégradation infenfible de teintes : ce dont notre illuftre Auteur
convient lui-même. Voici à ce fujet comme il
s'exprime. » Au refte il ne s'enfuit pas de ces
expériences que toute la lumière du bleu foit
plus réfrangible que toute la lumière du rouge :
car dans l'une & l'autre lumière, il y a un mélange de rayons différemment réfrangibles ; de
forte que dans le rouge, il fe trouve quelques
rayons qui ne font pas moins réfrangibles que
ceux du bleu ; & quelques-uns dans le bleu qui
ne font pas moins réfrangibles que ceux du
rouge. Mais en comparaifon de toute la lumière, ces rayons-là font en fort petit nombre :
à la vérité, ils contribuent à rendre l'expérience

____

(1) Je le répète, la réfrangibilité des rayons hétérogènes a
toujours été confondue avec leur déviabilité.

moins fenfible; mais ils ne font pas capables de la détruire (1) ".

Cette réfraction irrégulière des rayons homogènes que Newton attribuoit à la nature , ne vient que de la manière dont il s'y eft pris pour déterminer leur différente réfrangibilité ou plutôt leur déviabilité différente. Qu'on fuive avec foin fes raifonnemens (2) , & il paroîtra hors de doute qu'il fuppofe ce trait de lumière en expérience compofé fimplement de rayons divergens , qui auroient la même inclinaifon mutuelle , — fuppofition évidemment fauffe ; puifqu'un trou de quatre lignes en diamètre donne néceffairement paffage à des rayons plus ou moins divergens , & à des rayons plus ou moins convergens. Les rayons folaires qui compofent ce trait ont donc prefque tous un angle d'incidence différent. Mais cet angle fût-il le même , on n'en feroit guères plus avancé ; car les rayons auxquels le trou donne paffage fe dévient toujours plus ou moins vers fes bords , à l'exception de ceux au centre du faifceau , qui à-peuprès également attirés de tous côtés changent à peine de direction.

Ces rayons tranfmis ne fe replient pas fim-

___

(1) Optique , part. I , L. I. Schol. de la 2e. Exp.
(2) Voyez fur-tout l'explication de la 3e. Exp. Opt. L. I.

plement fur les bords du trou ; ils s'y décompofent : ainfi les homogènes qui tombent fur
la première furface réfringente du prifme n'ont
pas le même angle d'incidence ; comment au-
roient-ils le même angle de réfraction ? Il eft
vrai que cette furface, les attirant avec force
lorfqu'elle fe trouve à peu de diftance du trou
fait au volet , diminue jufqu'à certain point
leur déviation (1) ; mais elle ne la détruit pas
entièrement , & elle ne change point leur
inclinaifon refpective à leur entrée dans la
chambre obfcure. Il eft vrai encore que , parmi
ces différens rayons , ceux dont l'angle d'incidence a plus de 45 degrés font réfléchis ; mais
les autres paffent prefque tous.

Enfin fi l'on fait attention à la pofition donnée au prifme pour que la prétendue image
colorée du foleil foit ftationnaire, comme on
dit ; on verra que la première furface réfringente forme avec le volet un angle de trente
à trente-cinq degrés , lorfque le prifme eft pref-
qu'équilatéral, fur-tout lorfque l'image colorée
eft projettée fort haut.

---

(1) Comme l'énergie de la force attractive fe déploye toujours en raifon inverfe du quarré de la diftance, leur attraction
aux bords du trou eft peu contrebalancée par leur attraction à
la furface du prifme.

Il fuit de ce qui précède, que loin d'avoir le même angle d'incidence, les rayons homogènes en ont un fort différent : leur angle de réfraction ne fauroit donc être égal : & de cette inégalité vient en partie l'étrange confufion de teintes qu'on remarque dans le fpectre.

On fait combien, jufqu'à préfent, les phénomènes de la décompofition de la lumière ont paru multipliés ; ceux de fa prétendue diffraction fur-tout font fi compliqués, que dans l'optique de Newton même leur fimple defcription remplit deux livres entiers : encore a-t-il laiffé (1) la tâche imparfaite. Cependant qu'ils font fimples, clairs, brillans ! Et quand on penfe que la connoiffance d'un feul fait manquoit à ce profond Phyficien, on regrette qu'un auffi beau génie ait perdu tant de tems à de fi vaines recherches. Mais pour acquérir la connoiffance de ce fait, il falloit ma méthode d'obferver, ou plutôt de décompofer la lumière dans la chambre obfcure. Or, il confte par cette méthode que l'ombre d'un corps ifolé eft environnée de bandes colorées qui tranchent l'une fur l'autre, toujours d'autant plus que ce corps eft plus liffe ; pourvu toutefois que l'inclinaifon de la lentille interpofée pour raffembler fur la toile

____

(1) Voyez la fin du Livre III de la 4ᵉ partie de l'Optique.

les rayons trop divergens, n'aille pas juſqu'à
confondre ceux qui font décompoſés aux deux
côtés: mais cet inconvénient eſt facile à pré-
venir, ſi on a foin de ne mettre en expérience
que des corps qui aient un peu de largeur. Ainſi
chaque eſpèce de rayons hétérogènes a un angle de réfraction ou plutôt de déviation différent de celui des deux autres.

Tâchons de déterminer leur déviabilité reſ-
pective.

Exp. 130. *Au centre du cône lumineux & à ſix pouces du foyer,
ſi vous placez un cilindre métallique, d'un pouce en
longueur ſur trois lignes en diamètre ; vous verrez ſon
ombre bordée, de part & d'autre, d'une bande obſcure
de teinte indéciſe. Si vous faites paſſer ce cilindre à
droite de l'axe, vous verrez l'ombre bordée ; d'un côté,
d'une large bande bleue ; de l'autre, d'une bande rouge
contiguë à une jaune. Si vous faites paſſer ce cilindre
à gauche, le même phénomène aura lieu ; à cela près
que les bandes rouge & jaune prendront la place de la
bande bleue ; & que la bande bleue prendra la place
des bandes rouge & jaune. Dans quelque partie du cône
lumineux que vous préſentiez ce cilindre ; à meſure que
vous le paſſerez d'un côté ou de l'autre de l'axe, vous
verrez ces bandes colorées changer de place alternativement.*

Exp. 131. *Quand on ſubſtitue à ce cilindre une petite croix
potencée de ſix lignes en diagonale, & qu'on l'expoſe*

aux rayons folaires , de manière que le centre corref- ponde à l'axe du cône lumineux , l'ombre de chaque croifon eft environnée ; en-dedans , d'une bande rouge contiguë à une jaune ; en-dehors , d'une bande bleue.

Lorfqu'on remplace cette croix par un difque de carte Exp. 132. *percé d'un trou , au centre & à chaque extrémité des rayons de quelques cercles concentriques , dont les dia- mètres fe coupent à angles de 45 degrés ; fi l'axe du cône paffe par le centre du difque , on verra dans l'ombre projettée fur la toile le trou central former un efpace fort peu éclairé au milieu , beaucoup moins encore vers les bords : mais chacun des autres trous formera au milieu un champ de lumière affez vive , bordé d'un croif- fant bleu vers le centre du difque ; & vers la circon- férence d'un croiffant jaune contigu à un rouge.*

Quoique ternes , ces couleurs le font beau- coup moins toutefois à mefure que l'objet eft expofé à des rayons plus divergens : mais elles deviennent brillantes à mefure que l'objet eft rapproché du fommet du cône lumineux.

Lorfqu'au moyen d'une lentille , on raffemble les Exp. 133. *rayons décompofés ; non-feulement les bandes colorées deviennent éclatantes , comme nous l'avons dit plus haut ; elles changent encore de pofition fans changer d'ordre.* Or tous ces phénomènes font d'une régularité qui ne fe dément jamais.

D'où vient l'ordre conftant avec lequel ces bandes colorées fe fuccèdent , à mefure que le

corps opaque qui décompofe la lumière eft
en-deçà ou en-delà du centre du cône lumineux ? De ce que les rayons hétérogènes ne
font pas également déviés, car leur angle d'incidence eft le même, puifqu'ils ne font pas
défunis au milieu du champ de lumière : or les
rayons homogènes ne s'apperçoivent qu'autant
qu'ils font féparés des autres, & réunis fur
un plan.

Toute ombre eft produite par des rayons incidens interceptés. Comme ceux qui fe trouvent
dans la fphère d'attraction d'un corps fe dévient
plus ou moins, ils doivent fe trouver plus ou
moins cachés dans fon ombre : & comme ceux
des côtés oppofés fe dévient en fens contraires,
ils convergent, & continuent à converger jufqu'à ce que parvenus à leur point d'interfection ils deviennent enfin divergens. Ainfi avant
d'arriver à ce point, les rayons les plus déviables
bles occupent le centre de l'ombre ; tandis que
les autres s'en approchent chacun à raifon de
leur déviabilité : que fi la fphère d'attraction
de ce corps eft trop étendue, pour que les
rayons déviés foient tous cachés dans l'ombre,
ils la bordent en partie néceffairement.

Ces notions élémentaires établies ; voyons
dans quel ordre les rayons décompofés aux
furfaces

furfaces latérales de notre petit cilindre viennent à paroître.

Lorfque le corps en expérience eſt à quatre pieds de Exp. 134.
la toile, ſi le microſcope ſolaire eſt armé d'un objectif
de ſept à huit pouces de foyer ; la bande lumineuſe, dont
l'ombre eſt bordée de part & d'autre, paroît terminée
par une petite raie paille : mais lorſqu'il eſt armé d'un
objectif de deux pouces de foyer, ſi le corps en expérience
eſt à ſept pieds de la toile & au centre du cône lumi-
neux, il paroît de part & d'autre immédiatement bordé
d'une teinte indigo obſcure, & de deux bandes colorées
ſéparées par une bande de lumière pure. Ces bandes
colorées qu'on doit regarder comme les dernières couches
de l'auréole, font compoſées chacune de trois petites
raies ; d'une bleue externe, d'une jaune interne, &
d'une rouge intermédiaire.

A un corps continu, ſi vous ſubſtituez un diſque d'un Exp. 135.
pouce en diamètre, percé d'un trou de ſix lignes ; les
rayons, qui compoſent les bandes colorées dont il eſt
bordé en-dedans & en-dehors, ſeront exactement placés
dans le même ordre.

Dans chaque couche de l'auréole, les jaunes font donc plus déviés que les rouges &
plus encore que les bleus ; car l'ombre du
corps n'étant point renverſée, les rayons qui
la bordent ne ſe font point croiſés.

Mais bornons ici notre examen à ceux qui ſe
trouvent plus fortement repliés ſur le corps qui

F

les attire : puifque les phénomènes qu'ils préfentent dans certains cas ont quelque chofe de
particulier.

De part & d'autre de l'axe du cône, les rayons
vont en divergeant d'une manière uniforme.
Plus ils divergent, moins ils cèdent à la force
qui tend à les détourner (1). Décompofés dans
la fphère d'attraction du cilindre, ils doivent
donc être moins déviés que s'ils étoient parallèles avant leur incidence, & moins encore
que s'ils étoient convergens : ainfi les moins
déviables doivent conferver le plus de divergence. Quand on examine ceux qui bordent
immédiatement l'ombre du petit cilindre, on
les trouve d'une teinte fale & indécife; fans
doute parce qu'ils font en partie dans l'obfcurité. Mais des rayons divergens s'écartent
d'autant plus les uns des autres, qu'ils vont en
s'éloignant de l'axe de leur faifceau ; alors la
force attractive du corps en expérience les dévie
moins, & ils font moins cachés dans l'ombre.

Exp. 136. *Auffi, à mefure qu'on éloigne un peu de l'axe du cône
un des côtés du cilindre, la couleur des rayons décompofés paroît-elle beaucoup plus nette : or les premiers
qui paroiffent de part & d'autre font les bleus.*

Exp. 137.   *Que fi on veut les faire paroître à la fois diftincte-*

______

(1) Voy. à ce fujet l'art. *de la fphère d'attraction de la lumière.*

ment aux deux côtés du cilindre , il suffira de l'approcher du sommet du cône (1) ; car la teinte sale & indécise, qu'ils ont à la distance où il en est , vient aussi en partie de ce qu'ils sont assez rares sur la toile : or plus un corps est près du foyer , plus la lumière se décompose en grande masse à sa superficie. Puisque les rayons bleus sont les moins déviés, ils sont donc les moins déviables.

En rapprochant peu-à-peu de l'axe une des surfaces Exp. 138. *latérales du cilindre remis au centre du cône & à six pouces du foyer ; dès que les rayons bleus ont disparu, la teinte dont son ombre est bordée paroît s'éclaircir : mais ce n'est qu'après l'avoir un peu passé que commencent à paroître les jaunes. D'abord leur couleur est sale & indécise , puis elle devient nette & décidée à mesure que le cilindre avance ; enfin on voit paroître les rouges, dont la couleur devient pareillement nette & décidée , tant que le cilindre continue à s'éloigner de l'axe : du côté opposé , l'ombre est toujours bordée d'un teinte bleue assez vive.*

Dans quelque partie du cône qu'on vienne à placer l'objet , l'ombre paroît constamment dans la partie correspondante du champ de lumière , & l'ordre des bandes colorées qui l'environnent est invariable ; toujours la bleue

***

(1) Jusqu'à la distance de vingt lignes.

fe trouve vers la circonférence , la jaune vers le centre, la rouge au milieu : cependant jamais elles ne paroiffent à la fois que le corps en ex-périence ne foit tout entier d'un côté du cône.

Des rayons décompofés de part & d'autre, les homogènes qui correfpondent étant déviés en fens contraires ne fauroient tomber fur un même plan. Par leur nouvelle direction, il eft évident que ceux qui font repliés fur la face latérale interne (1) du cilindre ne tombent point dans le champ de lumière, tant que ce corps eft d'un côté de l'axe du cône lumineux: car leur divergence a confidérablement aug-menté. Cela fe voit en comparant la diftance du cilindre à l'axe du cône, avec la diftance de l'ombre au centre du champ. Cela fe voit fur-tout à la manière dont les rayons hétéro-gènes viennent à paroître & à difparoître, lorf-que le cilindre eft ramené près de l'axe; car de ce côté l'ombre ceffe bientôt d'être colorée ; tandis que de l'autre côté, elle prend une teinte bleue , dès qu'on le fait paffer à la même dif-tance de l'axe.

Ces trois bandes , dont l'ombre fe trouvoit environnée , étoient donc produites par les rayons décompofés à la face latérale externe

---

(1) J'appelle ainfi le côté qui fe trouve près de l'axe du cône.

du cilindre : d'où il fuit que les jaunes font plus déviés que les rouges, & plus encore que les bleus. Puifqu'ils font plus déviés, ils font néceffairement plus déviables. Un coup-d'œil fuffit d'ailleurs pour décider le fait. *Lorfque les trois bandes colorées font bien apparentes, faites paffer* Exp. 139 *très-lentement le cilindre de l'autre côté de l'axe, vous verrez la rouge fe perdre peu-à-peu dans l'ombre, & la jaune diminuer ; puis la jaune à fon tour fe perdra entièrement dans l'ombre ; enfin une raie bleue prendra place & reftera feule vifible.*

S'il reftoit là-deffus quelques doutes, voici de nouvelles preuves. *A deux pouces du foyer &* Exp. 140. *d'un côté de l'axe du cône, placez une lame métallique fort étroite ; vous verrez fon ombre entièrement couverte par trois raies colorées, une bleue vers la circonférence du champ de lumière, une jaune vers le centre, une rouge au milieu. Remplacez cette lame par une plaque* Exp. 141. *découpée en bandes très-étroites, efpacées d'une ligne ; & vous obferverez le même ordre dans les raies colorées dont l'ombre de chaque bande eft couverte.*

Lorfqu'on interpofe une lentille de foyer convenable pour raffembler les rayons décompofés ; comme ils fe croifent néceffairement, l'image eft renverfée ; & fes teintes, devenues plus vives, prennent entr'elles un ordre inverfe. J'ai dit que les homogènes correfpondans, re-

pliés aux deux côtés du cilindre, le font en
fens contraires : ainfi de divergens devenus convergens, ils ont un angle d'incidence oppofé ;
ils ne fauroient donc à la fois paffer au travers
d'une lentille, lorfqu'ils ne tombent pas à égale
diftance de l'axe ; ou plutôt ils ne fauroient tous
tomber dans le champ de lumière, fi le cilindre
n'eft au centre du cône lumineux. Lorfqu'il
fe trouve à droite ou à gauche, on ne doit
donc appercevoir que ceux qui font repliés fur
l'une de fes faces latérales : mais alors auffi les
fait-on paroître à volonté d'un côté ou d'autre
du corps en expérience, fimplement en recevant l'ombre d'un côté ou d'autre de l'axe du
verre. Et fi ce corps a quelque marque latérale
particulière, on aura une démonftration com-
plète des rapports de déviabilité que nous venons d'établir.

Les rayons décompofés à la circonférence
des corps, s'y replient toujours dans le même
ordre : auffi les phénomènes font-ils femblables,
lorfqu'à des folides qui font un tout continu,
on en fubftitue qui font folution de continuité.

Exp. 142. *Au milieu du cône de lumière & à dix pouces du fommet,
préfentez un anneau métallique, de manière que les
centres correfpondent ; fon ombre fera couverte de trois
cercles colorés : & fi vous faites attention que le
bleu eft externe, le jaune interne, le rouge*

intermédiaire ; vous reconnoîtrez que leur ordre n'a point changé.

A cet anneau substituez un disque d'un pouce en *Exp. 143.* *diamètre , percé d'un trou de six lignes ; il paroîtra bordé , en-dehors , d'un cercle bleu ; en-dedans , d'un rouge terminé par un jaune.* Ces cercles deviennent très-distincts , lorsqu'on interpose deux lentilles pour rassembler les rayons trop épars , & les rétablir dans le même ordre. Les teintes rouge & jaune qui environnent le bord interne de l'ombre font produites par les rayons décomposés fur le bord externe du disque ; car les rayons décomposés fur fes bords externe & interne font déviés en fens contraires. Or , les premiers ne font qu'acquérir de la divergence ; tandis que les derniers deviennent convergens : ceux-ci doivent donc feuls s'appercevoir dans le champ de lumière : conféquence directement établie par le fait ; puifque *les cercles colorés internes qui bordent l'ombre du difque dif-* *Exp. 144.* *paroiffent , lorfqu'on le remplace par un très-grand carton percé d'un trou au centre.*

Les rayons décomposés & repliés à la circonférence de ce trou font cachés dans l'ombre : auffi fe trouve-t-elle environnée d'une teinte obfcure , terminée par les bords brillans de l'auréole. Ce n'eft pas toutefois qu'on ne puiffe les rendre vifibles : car les rayons attirés par un corps fe dévient toujours d'autant moins que le plan où ils tombent eft plus proche.

Exp. 145. *Quand on interpofe une lentille à peu de diftance ; fi l'axe du faifceau auquel il donne paffage correfpond à l'axe du verre , l'ombre du carton projettée fur la toile fe trouvera autour du trou , bordée d'un cercle bleu lifcré de violet ; & toujours d'un cercle bleu, quoiqu'on interpofe une feconde lentille.* Ce qui doit être : car, tant que les rayons hétérogènes déviés ne peuvent être redreffés tous-à-la-fois, il eft fimple que les moins déviables foient les feuls apparens.

Si les rayons rouges & jaunes ne paroiffent pas avec les bleus, quelque près du trou qu'on approche la lentille, c'eft parce que trop déviés , ou plutôt trop obliques à leur incidence fur le verre pour s'y réfracter , ils font néceffairement réfléchis ; *ils viennent cependant à paroître dès* *Exp.* 146. *qu'on incline la lentille au bord du trou.*

On voit par-là que les loix de la nature font conftantes , & qu'elles fe montrent invariables de quelque manière qu'on les étudie.

Au corps en expérience fubftituez un difque percé de fix trous (1) autour du centre : fi le centre correfpond à l'axe du cône ; de ce côté,

---

(1) Que le difque ait un pouce en diamètre , & chaque trou deux lignes.

l'ombre de chaque trou fera circonfcrite par un croiffant bleu ; du côté oppofé , elle le fera par un croiffant rouge adoffé à un jaune : & cela eft de néceffité ; car l'arc interne repréfente la face latérale externe d'une lame courbe placée à droite ou à gauche de l'axe du cône lumineux ; tandis que l'arc externe repréfente la face latérale interne de cette même lame. *Si le difque a plufieurs rangées, le même ordre des croiffans colorés s'obfervera dans l'ombre des bords de chaque trou : & pour peu que leur ouverture ait d'étendue , on remarquera entre les croiffans oppofés un petit champ de lumière non-décompofée.* Exp. 147.

Ce qui arrive aux raies colorées quand on fait paffer un cilindre d'un côté de l'axe , arrive aux croiffans colorés quand on y fait paffer un anneau. Je ne dis rien ici de l'identité des phénomènes, lorfqu'on interpofe une lentille pour raffembler les rayons décompofés ; on en fent trop la raifon.

Au lieu de diverger, fi les rayons convergent, ils fe dévieront dans le même ordre ; mais leur foyer fera plus court ; parce qu'ils n'ont pas befoin d'être auffi déviés pour parvenir à leur point d'interfection. *Au centre du cône formé par une lentille de grand diamètre & de foyer moyen* (1),

---

(1) L'expérience réuffit fort bien , avec une lentille de fix pouces de diamètre , & de fix pieds de foyer.

Exp. **148.** *suspendez une petite boule , & recevez-en l'ombre sur un carton à quelques pouces de distance ; bientôt les rayons hétérogènes , encore tous confondus près du corps qui les attire , se séparent à mesure qu'ils se prolongent ; tant qu'ils convergent , les premiers ou plutôt les seuls apparens sont les bleus ; ils circonscrivent les rouges qui circonscrivent à leur tour les jaunes.* De ces rayons , les plus convergens deviennent toujours les plus divergens ; c'est au foyer qu'ils prennent cet ordre inverse : *aussi , dès qu'on place le carton au-*

Exp. **149.** *delà , voit on autour de l'ombre les jaunes circonscrire les rouges.*

Quel que soit l'angle d'incidence des rayons de lumière , l'angle de déviation des hétérogènes est toujours proportionnel : nous avons démontré cette vérité à l'égard des divergens & des convergens , démontrons-la à l'égard des parallèles.

En introduisant dans une chambre obscure les rayons immédiats du soleil : comme ceux qui se décomposent à la circonférence d'un corps se trouvent cachés dans son ombre projettée à une distance convenable ; il est impossible de les y appercevoir de manière à fixer avec certitude leur différent degré de déviabilité , il faut donc se servir d'une autre méthode : or il en est une bien simple qui va nous ouvrir un nouveau champ.

Lorſque le tems eſt couvert, ſi vous ſuſpen-
dez contre le ciel un corps opaque d'un certain
volume, & que vous le regardiez enſuite au
travers d'une lentille (1) trop peu éloignée (2)
de l'œil pour que l'image ſe trouve renverſée,
quels que ſoient les rayons qui paroiſſent d'a-
bord, d'après l'ordre de leur déviabilité reſpec-
tive que nous venons d'établir, vous pourrez
connoître ceux qui paroîtront enſuite, en chan-
geant la ſeule diſtance focale. Et puiſque les
rayons déviés à la circonférence de l'ojet (3)
convergent ; ſi vous commencez par appercevoir les bleus, en approchant l'œil juſqu'à certain point du centre du verre, ou plutôt en

---

(1) On voudra bien ſe rappeller ici que les rayons hétérogènes
ne ſe réfraɛtent différemment en traverſant une lentille, que parce
qu'ils ſont plus ou moins repliés ſur le corps qui décompoſe la
lumière.

(2) Diſtante de l'œil environ de deux pouces, & de l'objet
environ de huit : mais je prie le Leɛteur de ne pas oublier que toutes
mes obſervations ſont faites avec une lentille de ſix pouces &
demi de foyer ſur trois d'ouverture, à moins que je n'en déſigne
une autre.

(3) Il ſeroit ſuperfiu de prouver que des rayons à-peu-près
parallèles, repliés de part & d'autre ſur un corps, convergent
néceſſairement. Mais les diſtances doivent être priſes avec exactitude, afin de ne pas recevoir après leur point d'interſeɛtion les
rayons décompoſés. Or on connoît qu'ils ſont devenus divergens,
lorſqu'on les apperçoit en écartant l'œil de l'axe du verre.

augmentant l'angle de réfraction, vous appercevrez les jaunes & les rouges; en l'augmentant
davantage encore, vous n'appercevrez que les
jaunes : & réciproquement.

*Qu'un cilindre d'ébène de la grosseur du doigt soit le
corps en expérience ; si la lentille en est à huit pouces
& de l'œil à quatorze, vous le verrez immédiatement
environné d'une grande auréole rouge, inscrite dans une
jaune plus grande encore : quelque rapproché que le
cilindre soit de l'œil & de la lentille ; tant que l'axe
visuel correspond à l'axe du verre, on n'apperçoit au
bord de l'auréole jaune aucun vestige de bleu ; ce n'est
qu'en éloignant de l'objet la lentille à la distance de
trente pouces & l'œil à celle de huit, qu'il paroît couvert d'une teinte indigo : dans ces deux cas on ne le
voit point renversé ; mais il paroît beaucoup plus grand,
dans le premier que dans le dernier :* puis donc que
la grandeur apparente des objets est toujours
proportionnelle à la grandeur de l'angle (1)
optique ; celui que forment les rayons jaunes
est plus grand que celui que forment les rouges,

---

(1) Je ne dis rien ici de ce pouvoir qu'a l'ame de distinguer
si la grandeur apparente d'un objet tient aux dimensions réelles ou
à la distance ; pouvoir qui résulte uniquement de la comparaison
qu'elle fait des sensations accessoires à la principale, & qui ne
change rien à la justesse de cette loi d'optique : puisque l'ame ne
fait plus juger de la grandeur d'un objet, lorsqu'elle n'en peut
plus connoître l'éloignement.

[93]

& encore plus grand que celui que forment les bleus.

Mais comme la déviation des hétérogènes paroît se faire d'une manière plus uniforme autour des corps sphériques ; pour mieux déterminer leur déviabilité respective , *subflituez à ce cilindre une boule de plomb d'un pouce en diamètre ;* Exp. 150. *que l'œil, la lentille & la boule , d'abord très-peu diftans , aient toujours un axe commun : alors fi vous éloignez lentement l'œil du verre & le verre de la boule , vous la verrez environnée d'une petite raie jaune qui s'étendra peu-à-peu , & circonfcrira enfuite une petite raie rouge. Ces raies forment bientôt des auréoles concentriques , déjà fort étendues lorfque le verre eft à huit pouces de l'objet & à dix de l'œil , puis à une plus grande diftance fon champ ne peut plus les embraffer ; enfin l'image eft renverfée. Tenez alors la lentille très-près de l'œil , & vous verrez la boule immédiatement environnée d'un cercle bleu , dont la teinte ne paroît bien nette qu'à trente-fix pouces d'éloignement , encore l'image eft-elle affez petite.* Les rayons bleus font donc moins déviés que les rouges, & moins encore que les jaunes.

Les réfultats de cette expérience feront mieux mar- Exp. 151. *qués, fi on la répète avec une boule de criftal ; car en plaçant l'œil & la lentille à (1) certaine diftance de*

---

(1) La lentille à dix pouces de l'œil & de l'objet.

l'objet , on voit trois auréoles colorées concentriques ; une jaune externe , une bleue interne , une rouge intermédiaire. Lorsqu'on s'éloigne de la boule , l'œil fort près du verre , on voit ces auréoles se resserrer & se confondre : au centre de la boule paroît ensuite un orbe jaune environné d'un cercle rouge , terminé par une auréole bleuâtre ; plus loin , un orbe rouge environné d'une auréole plus claire : plus loin encore , un orbe bleu environné d'une auréole assez transparente. Un peu plus loin , cet orbe s'étend & circonscrit à son tour un point blanc très-lumineux. Le foyer des rayons bleus est donc plus long que celui des rouges, & plus encore que celui des jaunes.

Exp. 152.   *A cette boule substituez un disque de deux pouces , ayant au milieu un trou de six lignes ; si la lentille se trouve à huit pouces du disque & de l'œil , vous verrez les bords du trou environnés d'une auréole indigo , & ceux du disque d'une auréole rouge inscrite dans une jaune.* Vous avez donc en même-tems le foyer de ces différens rayons. Or , puisque le diamètre du disque est quatre fois plus grand que celui du trou, les bleus sont moins déviés que les rouges, & moins encore que les jaunes : ils sont donc proportionnellement moins déviables.

Exp. 153.   *Enfin cette vérité se fera mieux sentir , si l'œil appliqué contre le verre , on regarde le disque à diverses distances. Or , à 24 pouces , il paroît bordé de bleu en-dedans & en-dehors : si vous vous éloignez , ces cercles* s'étendront peu-à-peu , & couvriront enfin toute sa superficie. A la distance de 45 pouces le disque ressemblera à un bel anneau indigo , placé au milieu d'une auréole bleuâtre. Éloignez-vous davantage, cet anneau s'éclaircira & s'étendra. Au centre de l'auréole qu'il circonscrit se forme ensuite un point jaune , ce point s'étend par degrés ; & à la distance de 62 pouces , il remplit tout l'espace intermédiaire. Continuez à vous éloigner ; l'anneau continuera à s'étendre & à se confondre avec l'auréole ; tandis que l'orbe jaune , diminuant peu-à-peu , passe par de légères nuances à l'oranger : puis à la distance de 84 pouces , il paroît sous la forme d'un orbe laque environné d'un cercle indigo , au centre d'une grande auréole azur. Enfin si vous vous éloignez un peu plus , l'orbe laque disparoîtra insensiblement : mais le cercle indigo s'étendra ; & à la distance de 108 pouces , il formera un orbe bleu au centre d'une auréole bleuâtre circonscrite de paille. Or, les rayons qui forment les différentes teintes de l'orbe central viennent (1) des bords extérieurs du disque : d'où il suit

---

(1) Ils ne viennent certainement pas du bord intérieur du disque ; puisqu'un trou de même étendue , percé au milieu d'un grand carton , n'offre pas les mêmes phénomènes. *Vu de la forte & à toute distance , ce trou paroît bordé de bleu , tant que l'axe visuel correspond à l'axe de la lentille. A mesure qu'on s'éloigne , les bords de l'auréole interne se rapprochent ; & à la distance de 30 pouces ils coïncident : à celle de 44 pouces , au centre se forme un très-petit orbe rose-paille qui se dilate* Exp. 154.

que les bleus font moins déviés que les rouges,
& encore moins que les jaunes.

On peut varier ces expériences à l'infini : mais
quels qu'en foient les réfultats, toujours ils ren-
treront dans nos principes ; & toujours d'après
notre théorie on pourra les prévoir fur le fimple
expofé des données.

Mais voici d'autres faits qui mettent le fceau
de l'évidence aux vérités que nous venons d'é-
tablir. En traitant des couleurs primitives, j'ai
fait voir comment toutes celles que donne le

---

*peu-à-peu en forme d'anneau. Cet anneau circonfcrit un petit
orbe bleuâtre, qui prend bientôt la même forme. Ces anneaux
s'étendent ; ils paroiffent enfuite fe divifer en plufieurs, & fuivre
les contours des bords du trou. A la diftance de neuf pieds, ils
fe trouvent au milieu de l'auréole. A mefure qu'elle augmente
ils s'obfcurciffent, & bientôt on ne peut plus en diftinguer la
teinte : cependant celle des bords du trou n'a point changé. Jamais*
Exp. 155.   *ce cercle bleu ne difparoît que dans le cas où l'œil s'éloigne affez
du verre pour que l'image foit renverfée : alors il eft remplacé
par un cercle jaune infcrit dans un rouge ;* mais les rayons qui
forment *ces nouvelles teintes font décompofés fur les bords*
Exp. 156.   *externes du carton,* comme on s'en affure en lui fubftituant une
planche de quelques pouces en quarré, percée d'un trou pareil :
puifqu'alors la circonférence de la planche eft bleue. C'eft ici,
comme on voit, le même phénomène qu'offre un difque fufpendu
au milieu du cône de lumière. Le trou du difque laiffe appercevoir les rayons cachés dans l'ombre, & la lentille en s'approchant
ne fait que les raffembler avant qu'ils foient trop divergens.

prifme

prifme fe réduifent à trois, lorfqu'on fe fert de cet inftrument à regarder un corps opaque, ifolé & fufpendu contre le ciel couvert. Ces trois couleurs fe trouvent toujours rangées fur une ligne verticale ou horifontale: horifontale lorfque le prifme eft placé verticalement; verticale, lorfqu'il eft placé horifontalement. Mais que le corps en expérience foit longitudinal ou fphérique, que le prifme foit appliqué à l'œil horifontalement ou verticalement, & que l'objet foit apperçu par l'angle réfringent fupérieur ou inférieur, les phénomènes de la déviation ne changent point; toujours le jaune fe trouve à l'une des extrémités, le bleu à l'autre, & le rouge au milieu. Il fuit delà bien évidemment que les rayons rouges ont une déviabilité moyenne. Mais comme les bleus paroiffent du côté où le verre a le plus de maffe; on pourroit croire qu'ils font plus déviables que les jaunes; on s'affurera néanmoins du contraire, fi l'on examine comment ces différens rayons entrent dans le prifme & comment ils en fortent. On fait à n'en pas douter que la réfraction de ceux qui font tranfmis fe fait en raifon de l'ouverture de l'angle réfringent: mais les orbes colorés, qu'on voit à la place de la boule fufpendue, font produits par les rayons décompofés à fa circonférence; ces rayons s'y replient tous plus ou moins, &

fe prolongent enfuite fuivant leur nouvelle direction : leur angle d'incidence fur le prifme n'eft donc pas égal. Puifqu'ils n'ont été déviés que par le corps qui les attire ; pour déterminer leur déviabilité refpective , il ne s'agit que de déterminer leur degré apparent de réfraction , lorfqu'ils émergent. *Or , quand on les reçoit fur une des faces du prifme , difpofée de manière à leur préfenter un plan vertical , fi on regarde l'objet par l'angle réfringent fupérieur , l'image entière fera élevée par la réfraction ; mais la partie jaune plus que la rouge , & la rouge plus que la bleue. Si on approche l'œil du fommet de l'angle , on arrivera au point où l'orbe bleu fera feul vifible ;* les rayons de cette couleur font donc le moins réfractés. *En l'éloignant enfuite par degrés , on apperçoit le bord de l'orbe rouge ;* les rayons de cette couleur font donc plus réfractés. *En l'éloignant davantage , on apperçoit le bord de l'orbe jaune ;* les rayons de cette couleur font donc plus réfractés encore. En veut-on une démonftration géométrique ? Pour la donner , il fuffira de prolonger du côté de l'objet les rayons vifuels émergens.

Comme le petit anneau auquel eft attaché la boule paroît immerfé dans l'orbe bleu, il fembleroit que l'orbe rouge eft au point de la vraie image de l'objet, dont les orbes bleu & jaune ne feroient que les fimulacres : ce qui in-

firmeroit nos conféquences. Il eſt pourtant aiſé
de prouver le contraire: *ſi on cache ces orbes, en* Exp. 158.
interpoſant une bande de carton, on n'en verra pas
moins l'orbe bleu : mais ſi on cache celui-ci, à l'inſtant
on verra diſparoître les deux autres.

Les rayons décompoſés à la circonférence des
corps d'un petit volume s'apperçoivent à œil
nud; on peut même de la ſorte fixer leur différente déviabilité. *Si à un pied de la flamme d'une* Exp. 159.
groſſe bougie, vous interpoſez une épingle noire ; à
7 pouces de l'œil, elle vous paroîtra plus mince & ardoiſe,
environnée d'une auréole rougeâtre : ſi vous la rappro-
chez lentement de l'œil ; à la diſtance de 4 pouces, vous
la verrez comme un filet rouge tranſparent, bordé de part
& d'autre d'une petite auréole bleuâtre : à celle de 3
pouces, ce filet rouge s'étend, s'affoibit & fait place
à un filet jaunâtre ; plus près, cette teinte, l'auréole,
& l'épingle même diſparoiſſent.

Dans tous ces cas le degré de déviabilité, que
nous avons aſſigné à chaque eſpèce de rayons
hétérogènes, s'accorde parfaitement avec les
faits: il eſt donc démontré que les plus déviables ſont les jaunes, & que les moins déviables
ſont les bleus.

Je ſais que cette aſſertion eſt entièrement
oppoſée à celle de tous les Auteurs qui ont
écrit ſur ce ſujet; mais elle eſt fondée ſur une
multitude d'expériences ſimples, claires, inva-

riables ; au lieu que ces Auteurs n'ont établi leur opinion que fur les réfultats d'expériences compliquées, illufoires , & toutes faites fans la plus légère notion d'un principe qui joue un fi grand rôle dans la nature. Il me femble que j'ai démontré cette vérité par tant de faits décififs, qu'il n'eft plus poffible d'en douter : mais pour la rendre inconteftable, je vais prouver que le prifme, même employé à leur manière, concourt à l'établir. Bornons - nous à leurs propres expériences pour détruire leur affertion.

Il eft de fait que les rayons folaires, introduits dans la chambre obfcure , font décompofés avant de tomber fur le prifme ; & qu'en s'y réfractant, les hétérogènes ne font que fe féparer davantage : c'eft donc auffi par leur degré apparent de réfraction qu'il faut déterminer leur plus ou moins de déviabilité.

Rappellons ici quelques-unes de nos expériences. Quand on reçoit fur un prifme le petit faifceau folaire, l'ombre des bords du trou, projettée à quelques pouces de diftance, paroît environnée ; en haut, d'un croiffant violet contigu à un bleu ; en bas, d'un croiffant jaune contigu à un rouge, au milieu defquels fe trouve un petit champ de lumière non décompofée. Or j'ai fait voir comment fe forme la prétendue image colorée du soleil, par la divergence, le rapprochement & l'anticipation des rayons de ces croiſſans.

Que ces rayons émergent réellement des endroits d'où ils paroiſſent émerger : en voici de nouvelles preuves. Après avoir adapté à l'une des faces d'un gros priſme, un petit diſque percé d'un trou ; expoſez-le aux rayons ſolaires dans la poſition où il ſe trouvoit pour former le ſpectre ; faites une marque particulière au bas du trou, & recevez à quelque diſtance l'ombre du diſque ; ſi elle ſe trouve élevée par la réfraction, vous la verrez bordée intérieurement des mêmes croiſſans colorés, & placés dans le même ordre. Mais ces croiſſans ne ſont qu'une partie de ceux qui recouvrent l'ombre entière. Obſervez leur ordre au haut & au bas du diſque, vous trouverez qu'il eſt exactement le même. Le ſpectre eſt donc formé des rayons les moins déviables, décompoſés à la partie ſupérieure du trou qui leur donne paſſage, & des plus déviables décompoſés à ſa partie inférieure (1). De celle-ci, les jaunes forment la teinte jaune du ſpectre ; les rouges, la teinte rouge : quant aux bleus, cachés dans l'ombre

____

(1) Cela eſt hors de doute, puiſque le ſpectre eſt élevé par la réfraction.

des bords du trou, ils ne font pas apparens. De celle-là les bleus forment la teinte bleue du fpectre : à l'égard des rouges & des jaunes, cachés dans l'ombre des bords du trou, ils ne font pas apparens non plus.

A leur émergence du prifme ces rayons fe prolongent en divergeant, ils fe rapprochent donc & fe mêlent de toute néceffité : tandis que ceux qui fe trouvoient dans l'ombre fe dégagent en partie. Ainfi les bleus de la partie fupérieure, & les jaunes de la partie inférieure, forment par leur mélange la teinte verte qui eft au centre du fpectre. A l'un des bouts, les rouges & les jaunes étant contigus, compofent la teinte orangée ; tandis que les rouges & les bleus produifent la teinte fale qui termine l'image. A l'autre bout, les bleus & les rouges contigus, fe mêlant en différentes proportions, forment les teintes indigo & violette.

L'ordre de leur déviabilité eft donc inverfe de celui qu'a établi Newton : ainfi fes propres expériences confirment notre doctrine.

Puifque les rayons homogènes correfpondans repliés à la circonférence du trou, le font en fens contraires ; & qu'après avoir traverfé le prifme, les moins déviables d'un côté, & les plus déviables de l'autre, fe rapprochent peu-à-peu, & fe croifent enfuite : paffé leur point d'interfection,

le spectre doit insensiblement changer de teîn-
tes , à mesure que le plan où il est projetté
s'éloigne du prisme ; il doit donc enfin arriver
au terme où il paroît entièrement déformé. On
voit par-là que nous sommes bien loin des idées
reçues; mais ce n'est pas sur ce point seulement.

Des Caustiques.

Elles tiennent à l'inégale réfraction des rayons
de lumière qui tombent sur un verre convexe
ou concave , à différentes distances de l'axe ; car
ces courbes éclatantes , qui bordent l'espace
illuminé, ne sont pas moins sensibles , lorsque
la plus grande partie de la première surface
réfringente est couverte d'un papier noir , quel
que soit d'ailleurs le diamètre de la sphère dont
elle forme un segment.

De leur figure , leur position , leur éclat , on
peut inférer qu'elles sont formées par les inter-
sections successives de chaque rayon avec celui
qui le suit, dans un point de la courbe antérieur
à la section de l'axe. Ainsi les rayons extérieurs
d'un faisceau sont graduellement trop rompus
pour pouvoir se réunir avec les intérieurs en
un seul point : mais nous renvoyons à un autre
article l'examen de la génération de ces courbes , pour ne considérer ici que leur couleur.

Il importe de bien diftinguer les cauftiques produites à la lumière du foleil, des cauftiques formées à la lumière de la flamme. Commençons par les dernières.

Pour peu qu'on les examine avec foin, on reconnoît bientôt que chacune de ces courbes eft formée d'une bande jaune circonfcrite par une rouge : la lumière y eft donc décompofée.

Exp. 160. *A la flamme d'une bougie* (1), *expofez une lentille à l'eau, de fix pouces de foyer fur fix pouces en diamètre ; & à la diftance de huit pieds, recevez fur un carton parallèle ou perpendiculaire à l'axe les rayons raffemblés : alors fi on touche un des bords de la flamme avec un poinçon, à l'inftant une partie de la courbe du côté oppofé s'agitera avec force.* Ainfi ces courbes font évidemment produites par les rayons des bords de la flamme qui fe font croifés avant leur incidence, comme font tous ceux qui concourent à former l'image des objets.

Examinez l'efpace qu'elles circonfcrivent, &
Exp. 161. vous verrez qu'il a une teinte bleue. *En éloignant peu-à-peu le carton, ces courbes fe rapprochent & s'allongent, les bandes rouges fe rétreciffent confidérable-*

---

(1) Afin que les réfultats de l'expérience foient plus nets, il importe de renfermer la bougie dans une petite chambre noire, & de ne laiffer paffer la lumière que par une ouverture faite à l'un des côtés.

ment ; enfuite elles forment avec les jaunes une image affez vraie de la flamme ; puis elles s'évanouiffent, & l'image acquiert beaucoup de vérité : alors elle paroît d'un jaune plus clair bordé de bleu : mais bientôt elle devient terne, s'élargit & fe défigure ; enfin elle difparoît entièrement du milieu d'un champ de lumière rougeâtre bordé de bleu. Que la lentille ait une petite ou une grande ouverture, les réfultats feront les mêmes ; à cela près que la grandeur des cauftiques fera toujours proportionnelle à la grandeur du champ. Il eft donc évident qu'elles font partie de l'image de la flamme.

Quand on examine de près (1) cette flamme à œil nud ou au travers d'une lentille, la bafe paroît bleue, & le refte du jet rofe - jaunâtre avec un petit bord rouge (2) circonfcrit d'un grand bord bleu (3). Son image eft formée des mêmes teintes ; la lumière tombe donc toute

---

(1) A la diftance de quelques pouces.

(2) *Ce petit bord rouge eft très-apparent, & paroît même élargi, lorfqu'on regarde la flamme immédiatement après avoir* Exp. 162. rouvert *les yeux* ; mais pour bien l'obferver, il faut que la bougie vienne d'être mouchée ; autrement la teinte réfléchie par la mèche embrâfée fe mêle à celle de la flamme & l'altère : encore faut-il l'examiner de fort près ; car le bleu coupant fur l'air ceffe bientôt de fe diftinguer à une diftance un peu confidérable.

(3) Comme ce bord tranche fur l'air, il eft peu apparent.

décomposée fur la lentille : & puifque les rayons qui concourent à produire ces teintes ne font pas tous foyer au même point ; avant d'y arriver, ils prennent un autre arrangement entr'eux, comme on l'obferve dans la génération des cauftiques.

L'image de la flamme eft formée de rayons rouges, jaunes, bleus : mais fi l'on fait attention à leur diftance focale, quelle que foit la fphéricité du verre qui les raffemble, on obfervera que celle des bleus eft plus petite que celle des jaunes, & plus petite encore que celle des rouges. On pourroit inférer de-là que leur réfrangibilité n'eft pas égale ; & l'on fe tromperoit, car ces rayons ne partent pas des mêmes points.

Exp. 163. *A quatre pieds d'une bougie allumée & placée devant un drap noir, difpofez une lentille de fix pouces de foyer fur trois de diamètre, de manière à faire tomber l'image de la flamme fur une carte : un peu avant que cette image foit bien formée, le centre en fera bleu ; alors, l'œil placé à ce point (1), regardez la flamme au travers de la lentille, & elle vous paroîtra rofe circonfcrite de bleu : les bleus font donc foyer.*

---

(1) Pour être fûr que l'œil eft placé à ce point, il faut faire à cette carte une ouverture d'une ligne en largeur fur trois en longueur ; & regarder la flamme, l'œil appliqué à cette ouverture.

Lorsque l'image se trace distinctement, elle est jaunâtre Exp. 164.
bordée de bleu : l'œil placé au même point , regardez la
flamme au travers de la lentille , & elle vous paroîtra
jaune bordée de rouge. Les bleus devenus divergens ne
s'apperçoivent déja plus ; cela est clair : mais ce qui
ne l'est pas moins , c'est que les rouges dont elle est
bordée font foyer.

On suppose parallèles les rayons dardés par
les vastes corps lumineux placés à une distance
prodigieuse; le fait est qu'ils font plus ou moins
divergens & plus ou moins convergens. Il en
est de même de ceux des petits corps lumineux placés à une distance proportionnelle : &
comme leur image est toujours renversée , les
rayons qui concourent principalement à la former, ou plutôt à en déterminer l'étendue, se
croisent nécessairement. D'ailleurs si on considère la courbe d'un verre convexe, présenté aux
rayons d'un corps lumineux , on sentira que les
convergens ne peuvent tomber qu'au milieu de
la surface , lorsqu'elle a plus d'étendue que le
diamètre apparent de ce corps ; tandis que les
divergens doivent tomber sur toutes les parties
de cette surface. Ainsi partis des bords de la
flamme , les bleus & les rouges formant un plus
grand angle d'incidence , doivent en former un
plus grand de réfraction : sans être plus réfrangibles , ils doivent donc faire plutôt foyer.

Aux rayons colorés qui viennent des différentes parties de la flamme fe joignent les rayons colorés repliés aux bords de la lentille, d'où réfultent d'autres phénomènes.

Entre les cauftiques formées à la lumière de la flamme, & les cauftiques formées à la lumière du foleil, il y a cette différence que les dernières font toujours orbiculaires, quelle que foit la fphéricité du verre qui raffemble les rayons : & cela n'a rien d'étrange ; puifque dans tous les points ces rayons concourent à former l'image du difque folaire. Elles font auffi beaucoup plus éclatantes, & cela n'a rien d'étrange non plus ; puifque la lumière du foleil a beaucoup plus d'intenfité.

Quant aux bandes colorées qui les terminent, elles tiennent aux caufes que nous allons développer.

Des prétendus Cercles d'Aberration.

On vient de voir comment les cauftiques forment une image diftincte de la flamme, lorf-
Exp. 165. qu'on éloigne du verre le carton ; mais *lorfqu'on l'en rapproche, ces courbes perdent de leur éclat ; peu-à-peu elles fe rétreciffent & s'étendent, tant que le champ de lumière eft fufceptible d'extenfion. Si on augmente jufqu'à certain point la diftance du verre à la flamme ;*

au lieu de cauftiques , ce font de petits cercles colorés connus fous le nom de cercles d'aberration. Comme leur couleur fe diftingue mal à la clarté d'une bougie , nous les obferverons à la clarté du jour : mais pour les bien obferver , il faut fe fervir d'une lentille de grand diamètre & de long foyer.

Dès que les rayons réfractés convergent, la bafe du cône lumineux paroît bordée d'un petit cercle jaune, bientôt après circonfcrit par un rouge. Ces cercles s'étendent quelque temps, à mefure que le champ de lumière fe rétrecit : puis le jaune s'affoiblit peu-à-peu : alors l'efpace circonfcrit paroît d'une légère teinte bleuâtre, un peu plus décidée vers les bords, comme on l'obferve en donnant au verre une petite obliquité. Lorfque le champ de lumière eft réduit à fes plus petites dimenfions, cette teinte devient plus vive, elle en forme le centre, & n'eft plus bordée que du cercle rouge : ce cercle à fon tour fe rapetiffe, bientôt il difparoît, enfin il fe perd dans l'image du foleil, qui paroît alors avec toute fa blancheur & toute fa netteté (1). Que la lentille foit montée ou non ;

---

(1) Comme l'éclat du champ de lumière bleffe l'organe , lorfque le ciel eft très-pur , il faut attendre à faire ces obfervations que le foleil foit voilé par une couche de légères vapeurs.

que fon foyer foit long ou court, que fes bords
foient polis ou bruts, &c., les phénomènes
font conftamment les mêmes.

On les attribue généralement à la décompofition des rayons qui fe réfractent dans le verre;
mais j'ai démontré par des expériences décifives
que la lumière (1) ne fe décompofe jamais en
traverfant un verre homogène, d'un bon grain
& d'un beau poli, quelle que foit fa figure. J'ai
démontré auffi par des expériences décifives
que la réfrangibilité des rayons hétérogènes eft
égale. Enfin j'ai démontré par des expériences
directes que les cercles colorés qui terminent le
cône lumineux, viennent uniquement des rayons
décompofés fur les bords de la lentille (2) ou
de la monture. Des rayons décompofés fur les
bords du verre, les feuls vifibles font tangens aux
parties polies des furfaces réfringentes : quant

______

(1) Voyez l'article *de la Décompofition de la Lumière.*

(2) La lumière fe décompofe fur les bords d'un verre plan
arrondi, dont les furfaces font parallèles, comme fur ceux d'une
lentille ? — Affurément. — Pourquoi donc n'apperçoit-on pas
de même ces cercles colorés ? — C'eft que les rayons décompofés, n'étant pas de même raffemblés par la réfraction fur un
plus petit efpace, s'éparpillent dans le champ de lumière; où ils
ne font pas apperçus à la clarté du jour, de même que la lumière
d'une bougie eft éclipfée par celle du foleil.

aux autres , ils reſtent cachés dans l'ombre des parties brutes ou ſimplement adoucies : vérité inconteſtable, puiſque toutes les marques particulières qu'ont ces bords reparoiſſent dans les cercles colorés qui circonſcrivent le champ de lumière.

» De l'ordre ſuivant lequel ces différens rayons » paſſent au foyer , on conclut que les bleus » ſont le plus réfrangibles & les rouges le » moins «. Mais cette teinte bleue qui occupe le centre du champ de lumière , lorſqu'il eſt parvenu à ſes plus petites dimenſions, eſt étrangère aux rayons réfractés immédiats ; car on ne l'apperçoit point lorſque le ſoleil eſt radieux (1) ou légèrement voilé ; & lorſque le ciel eſt parſemé de petits nuages , on voit à n'en pas douter qu'elle eſt produite par les reflets de la voûte azurée. — Mais , pourſuit-on , la preuve que les bleus ſont réfractés le plus, c'eſt qu'ils divergent avant les jaunes , lorſqu'on donne à la lentille une légère obliquité. — Ne prenez point le change, ces rayons bleus que vous avez vus réunis au milieu du champ de lumière ne ſont pas ceux dont vous le voyez circonſcrit ; puiſque les derniers s'apperçoivent ſeuls. Pour détruire

____

(1) Si on ne la diſtingue point , lorſque le ſoleil eſt brillant, c'eſt que ſa vive lumière l'éclipſe.

votre affertion, je ne veux que l'expérience dont
Exp. 166. vous l'avez déduite. *Augmentez l'obliquité du verre,*
& vous verrez les bleus avant leur réunion au foyer pren-
dre la forme d'une raquette plus ou moins allongée.
Exp. 167. *Continuez à l'incliner, & vous les verrez former une*
ellipfe qui circonfcrira les rayons rouges & les jaunes.
Puifque le champ de lumière eft circonfcrit de
rouge & de jaune lorfque les rayons convergent, mais de bleu lorfqu'ils divergent, il eft
hors de doute que les derniers font déviés le
moins & que les premiers font déviés le plus ;
car la divergence & la convergence des rayons
de lumière font toujours en raifon conftante.

Les rayons folaires décompofés fur les bords
polis de la première furface réfringente font
encore tous confondus au fortir de la feconde ;
mais en vertu de leur différente déviabilité, ils
fe féparent enfuite à mefure qu'ils fe prolongent. Tant qu'ils convergent, les premiers qui
paroiffent autour du champ de lumière font
les jaunes. Bientôt ils font circonfcrits par
les rouges ; & ils le paroîtroient auffi par les
bleus, fi ceux-ci n'étoient cachés dans l'ombre.
Après s'être croifés, devenus divergens, les premiers qui paroiffent aux bords du champ de
lumière font les bleus ; enfuite les rouges, s'y
mêlant en partie, produifent cette teinte violette

dont

[113]

dont le cercle bleu eſt lizéré (1). Mais pourquoi des preuves déduites de la néceſſité des faits, lorſque nous pouvons donner une démonſtration oculaite. Que la lentille ſoit montée ou *Exp. 168.* qu'elle ne le ſoit pas, toujours le champ de lumière ſera circonſcrit par les mêmes couleurs. *Or, ſi l'on poſe au milieu de la première ſurface réfringente du verre un anneau métallique fort étroit, en recevant à certaine diſtance ſon ombre ſur un carton, on la verra couverte de trois cercles différemment colorés. Qu'on* *Exp. 169.* *faſſe diverger ou converger les rayons incidens ; ces cercles ſuivront exactement l'ordre de ceux qui bordent l'ombre de la monture.* Or des rayons décompoſés à la circonférence de cet anneau, comme à celle de la lentille & de la monture, ceux qui ſe replient ſur le bord externe ſont ſeuls apparens dans le champ de lumière : ainſi *qu'on s'en aſſure à l'aide de quelque marque particulière faite au bord interne : mieux encore en ſubſtituant à l'anneau un grand carton* *Exp. 170.* *percé d'un trou d'égal diamètre.*

Quoique les rayons qui partent de la flamme ſoient deja décompoſés avant leur incidence ſur le verre, ils ſe replient toujours ſur ſes bords en raiſon de leur différente déviabilité :

---

(1) Les rayons de lumière ſe décompoſent ſur les bords du priſme, comme ſur ceux d'une lentille, & ils offrent exactement *Exp. 171.* les mêmes phénomènes ; ainſi qu'on l'a vu plus haut.

H

auffi l'ordre des prétendus cercles d'aberration, qui paroiſſent à la lumière de la flamme & à celle du foleil, eſt-il conſtamment le même.

Tous les phénomènes concourent donc à démontrer que les rayons bleus font le moins & les jaunes le plus déviables.

Des Ombres colorées.

Il fuit des loix de la périoptrique & de la différente déviabilité des rayons hétérogènes, que l'ombre des corps n'eſt jamais produite par privation totale de lumière ; il fuit auſſi, qu'à égale diſtance du plan où elle eſt projettée, plus ils font petits, plus elle doit être claire ; il fuit encore, qu'à la diſtance focale des rayons les plus déviés, les jaunes doivent ſe trouver au centre de l'ombre, environnés des rouges, cir-confcrits par les bleus ; enfin il fuit que, paſſé leur point d'interfection, ils doivent tous diver-ger, prendre un ordre inverfe & ſe difperfer : ce que l'expérience met hors de doute. Quel que foit le corps opaque expofé au foleil, fon ombre eſt ſi légère, qu'elle n'empêche point de diſtinguer les objets qu'elle couvre ; lors même qu'elle eſt peu éclairée par des reflets. Moins il a de volume, plus elle eſt claire : auſſi celle des fétus de paille, des épingles, des che-

[115]

veux , eft-elle femblable à l'ombre des corps tranfparens. Quant aux rayons décompofés, on ne les apperçoit point dans l'ombre (1), tant qu'un corps eft expofé aux rayons immédiats du foleil : mais ils deviennent vifibles dans la chambre obfcure , par la fimple interpofition d'une lentille.

La force attractive d'un corps ne fe déploie avec toute fon énergie fur la lumière, qu'autant que les rayons incidens font hors de la fphère d'attraction du plan où ils font reçus : elle eft donc d'autant plus affoiblie , que ce plan fe trouve moins éloigné ; & d'autant plus encore que les rayons oppofent davantage de réfiftance à leur déviation. *Auffi quand on place une boule dans le cône lumineux , & fort près de la toile , l'ombre eft-elle extrêmement noire : mais elle s'éclaircit à mefure que la boule s'éloigne ; parce qu'alors les rayons déviés de l'auréole l'illuminent de plus en plus. Lorfque la boule* Exp. 172. *eft ramenée proche du fommet ; fi on interpofe une lentille de grand diamètre & de long foyer (2) , de manière à paroître immerfée dans l'ombre , les rayons qu'elle raffemble formeront un champ de lumière très-diftinct.*

---

(1) Il n'eft point ici queftion de ces ombres colorées qu'on apperçoit au lever & au coucher du foleil , toujours produites par le reflet des nuages ou des vapeurs.

(2) De fix pouces de diamètre fur fix pieds de foyer.

H 2

Les rayons repliés à la circonférence d'un corps fe redreſſent toujours par l'interpoſition de celui ſur lequel on les reçoit ; & plus il en eſt proche, plus ils ſont redreſſés : l'ombre devient donc d'autant plus noire que le foyer du verre eſt plus court : mais quelque court qu'il ſoit, combien encore de rayons déviés ! Car

Exp. 173. *quand on immerſe dans l'ombre la grande lentille, elle y forme de même un champ de lumière très-diſtinct, quoique moins vif que s'il n'y avoit pas un ſecond verre interpoſé.*

Ces rayons ne tombent pas ſeulement ſur l'ombre, ils s'étendent encore à certaine diſtance tout autour : elle n'eſt donc ſi légère que parce qu'elle ceſſe d'être circonſcrite par les rayons parallèles aux rayons interceptés. Auſſi

Exp. 174. *quand on reçoit ſur une lentille ceux qui ont été déviés par la boule ſuſpendue au centre du cône lumineux & à cinq pouces du foyer, l'ombre projettée ſur un carton paroît-elle beaucoup plus foncée, au moment où les rayons tangens les plus déviés, redreſſés par le verre, circonſcrivent l'eſpace que les rayons interceptés ont laiſſé obſcur.* Ce qui doit toujours arriver, dès que la diſtance de la boule au verre eſt telle que les rayons, réfractés dans ce nouveau milieu, ne ſont rendus divergens qu'au point de coïncider au bord de l'ombre.

Lorſqu'on examine avec ſoin cette ombre

[117]

rendue plus forte , on voit les rayons hétérogènes se rassembler au milieu , à mesure qu'on
éloigne de la boule la lentille. Tant qu'ils divergent , les bleus occupent le centre , les rouges
sont contigus , les jaunes les circonscrivent :
mais devenus convergens , leur ordre change.
Les jaunes forment donc foyer les premiers ,
ensuite les rouges , puis les bleus : & comme
les jaunes des différentes couches de l'auréole
de la boule ne sont pas réunis au même point ;
ceux qui sont le moins déviés se mêlent aux
rouges & aux bleus qui sont le plus déviés : ainsi
de leur mélange résultent des teintes mixtes
dont leur point central est circonscrit tour à
tour , à mesure que la distance du verre à la toile
augmente ou diminue.

Passé leur point d'intersection , ai-je dit , les
rayons décomposés à la circonférence d'un *Exp. 175?*
corps divergent toujours : leur ordre devient
donc inverse. *Ce qui s'observe très-bien , même sans*
interposer aucun verre , lorsqu'à quinze pouces de la toile
on place dans le cône lumineux une lame de plomb
découpée en dents étroites , & espacées d'une ligne cha-
cune. Ainsi lorsque le corps en expérience fait
solution de continuité , l'espace intermédiaire
de l'ombre peut être successivement éclairé par
les divers rayons colorés , suivant la distance
du corps à la toile. A une distance déterminée,

H 3

les rayons jaunes se trouvent au centre de l'espace intermediaire : on peut y placer à volonté
les rouges ou les bleus, simplement en modi-
fiant cette distance. Telle est la facilité extrême
d'agir sur la lumière, que donne notre méthode
de la décomposer ; & telle est la justesse de nos
observations, qu'elles sont soumises au calcul
le plus exact !

Au reste, comme la lumière qui se trouve
dans la sphère d'activité d'un corps se décompose par couches concentriques ; il doit se
trouver dans l'ombre beaucoup plus de rayons
bleus que de rouges, & beaucoup plus encore
que de jaunes ; car les rayons se plient d'autant
plus vers la surface d'un corps qu'ils sont plus
déviables.

On ne se fait point d'idée de l'intensité des
ombres qui seroient produites par une privation
totale de lumière : mais puisqu'elles augmentent
en force avec le nombre des rayons interceptés ;
plus elles sont fortes, moins elles doivent paroître colorées. Les rayons repliés à la circonférence d'un corps ne sont redressés que jusqu'à
certain point par l'interposition du plan sur
lequel on les reçoit : & comme l'énergie de la
force attractive, extrême au moment du contact, est beaucoup moindre à une très-petite
distance ; quelque court que soit le foyer du

verre interpofé , jamais on ne parviendra à redreffer les rayons tangens. La partie d'un corps opaque qui paroît abfolument dans l'ombre, lorfque l'œil ne fe trouve pas dans la direction de ces rayons déviés , ceffe donc de le paroître , lorfqu'il s'y trouve. *Ce qui s'obferve d'une* Exp. 176. *manière bien frappante , en plaçant une boule d'un certain volume devant la flamme d'une bougie , & en approchant l'œil du centre de l'hémifphère qui eft dans l'obfcurité.*

Terminons cet article par une expérience analogue, qui met le fceau à notre doctrine fur l'attraction, la déviation, la décompofition de la lumière dans la fphère d'activité des corps ; & qui ne laiffe rien à défirer fur le nombre des couleurs primitives, le degré refpectif de déviabilité des rayons hétérogènes , la régularité & l'immutabilité de la déviation des rayons homogènes, la tranfmiffion inaltérable de la lumière pure au travers de certains milieux à furfaces liffes , &c. : la voici.

Rendez obfcure une chambre , dont rien ne borne la Exp. 177. *vue ; percez au haut du volet un trou de fix pouces , deftiné à introduire la lumière réfléchie par le ciel lorfqu'il eft fans nuages ; à quinze pouces de la toile , placez une lentille de trente pouces de foyer & de fix pouces de diamètre : tout étant difpofé de la forte , fi vous inclinez l'axe jufqu'à ce que le champ lumineux foit circulaire ,*

H 4

vous ne verrez que l'ombre des bords du trou environnée d'une auréole : augmentez graduellement la distance de la lentille à la toile ; peu-à-peu l'auréole s'étendra, ses bords se rapprocheront, & l'espace intermédiaire sera (1) d'une teinte bleu-clair, produite par le reflet de la voûte azurée ; tandis que l'ombre de la circonférence du trou en prendra une jaunâtre produite par les rayons les plus déviables de son auréole (2) : ensuite les bords de l'auréole

---

(1) Cela paroît bien évidemment, lorsque l'image de quelque nuage se trace dans le champ de lumière : d'ailleurs cette teinte ne s'observe point, lorsque le ciel est entièrement couvert.

(2) On a d'abord assez de peine à concevoir comment les rayons jaunes qui se trouvent le plus repliés sur les bords du trou sont les premiers à paroître ; & même comment ils peuvent tomber sur la lentille dont le diamètre n'a pas plus d'étendue que l'ouverture faite au volet. Mais toute difficulté disparoît quand on considère que les rayons auxquels le trou donne passage viennent d'un vaste champ. De ces rayons, ceux qui sont tangens aux bords du trou s'y replient ; ceux qui forment les couches contiguës de son auréole s'y replient aussi, mais beaucoup moins ; & toujours d'autant moins qu'ils approchent plus des bords. Ceux qui forment les dernières couches de l'auréole, & qui font partie des extrêmes du champ visible de la voûte azurée, sont donc assez peu détournés de leur direction, ils se croisent dans les différens points de l'axe de leur faisceau, & se prolongent jusque sur la toile. De ceux qui tombent sur la lentille, les plus déviés aux bords de l'auréole, conséquemment les plus divergens, ont l'incidence la plus oblique, & se réfractent aussi le plus en traversant le verre : aussi les jaunes paroissent-ils circonscrire le champ de lumière ; ensuite paroissent les rayons rouges qui les circonscrivent. Quant

coïncideront, & le point bleu formé par la diminution de l'espace intermédiaire fera place à un point blanc radieux. Le champ de lumière, devenu plus petit & plus brillant, se trouve environné de deux cercles concentriques; d'un jaune interne & d'un rouge externe, séparés par une teinte orangée. Si vous éloignez davantage la lentille; à mesure que ce point s'étendra, le champ se rétrécira encore, & formera un espace orbiculaire de lumière extrêmement pure, circonscrit de bleu. Alors suspendez une boule de deux pouces en diamètre au centre Exp. 178. du trou, & replacez la lentille à quinze pouces de la toile : à mesure que vous l'en éloignerez lentement, si vous observez le champ de lumière, les phénomènes paroîtront exactement les mêmes, jusqu'à ce qu'elle soit parvenue au point où les bords de l'auréole du trou coïncident ; à cela près qu'on apperçoit au milieu du champ une zône de teinte paille extrêmement légère, circonscrite par une zône de teinte azur plus légère encore : — teintes formées par les rayons décomposés de l'auréole de la boule ; comme on s'en assure à l'aide d'une simple impulsion (1). Continuez à éloigner la lentille, & le point

---

aux bleus déviés, comme ils sont le moins réfractés, ils se trouvent dans l'ombre des bords du trou, & ne paroissent que lorsqu'ils deviennent divergens.

(1) Pour s'assurer pleinement de la vérité de cette assertion, il faut attendre à communiquer l'impulsion à la boule, que son auréole soit séparée de celle des bords du trou par une zône de lumière pure.

blanc fera place à un point jaunâtre qui s'étendra par degrés ; en même-temps la zône bleue de l'auréole de la boule diminue dans la même proportion , puis elle coïncide avec les bords de l'auréole du trou : alors auſſi l'eſpace jaunâtre commence à diminuer , & à acquérir une teinte plus décidée. Enfin on voit paroître un petit orbe jaune qui forme image de la boule , & diminue inſenſiblement juſqu'à ce qu'il ait acquis tout ſon éclat. Bientôt les bords de l'auréole du trou s'étendent au-delà du cercle bleu ; déja ils ſont ſéparés par une zône (1) de lumière pure , où l'on ne diſtingue que la teinte de la toile. Enſuite cette zône continue à s'étendre , & le petit orbe jaune paroît un peu diminuer. Parvenu à ſes plus petites dimenſions , ſes rayons divergent : au centre paroît une teinte orangée , qui peu-à-peu fait place à un petit orbe rouge — autre image de la boule. Les rayons dont elle eſt formée divergent à leur tour , ils occupent un plus grand eſpace , au milieu duquel on voit paroître un point très-noir , qui s'étend peu-à-peu , & forme bientôt une ombre parfaite de la boule : cette ombre eſt circonſcrite de bleu , de jaune , de rouge , comme celle (2) des bords du trou , & le champ intermédiaire paroît d'une blancheur extrême.

Paſſé ce point , l'ombre de la boule commence à

---

(1) Voyez la note précédente.

(2) Cette teinte eſt formée par les rayons bleus réunis au foyer.

disparoître sous une teinte indigo (3) *, ainsi que les cercles colorés qui la circonscrivent. La même chose s'observe à l'égard de l'ombre des bords du trou : peu-à-peu cette teinte s'éclaircit vers la circonférence , & lorsqu'elle a acquis toute sa netteté , elle forme de la boule une belle image bleu-clair, excepté au centre où l'on distingue un petit orbe bleu foncé. Alors aussi les bords de l'ombre du trou sont encadrés par un large cercle bleu ; mais le champ qui les sépare n'est plus d'un blanc aussi vif.*

A mesure que la distance de la lentille à la toile augmente , cette image diminue en netteté & en intensité , le petit orbe foncé disparoît , & elle devient toute d'une teinte. Le cercle qui encadre les bords de l'ombre du trou s'étend au-delà , & le champ de lumière continue à perdre de sa vivacité.

Enfin l'image bleue disparoît entièrement à son tour ; le champ plus étendu est bleuâtre : au centre se voit un point blanc plus vif, & ses bords sont circonscrits par une grande auréole bleue. Ce qui arrive à l'étendue & à la teinte des bords de l'ombre de la boule, arrive à l'étendue & à la teinte des bords du champ de lumière.

Quelque corps qu'on choisisse , tant qu'il ne formera point solution de continuité , les

---

(3) Cela doit être , puisque les rayons incidens , attirés & décomposés sur la boule & sur les bords du trou, se replient en sens contraire.

phénomènes feront les mêmes ; ils feront inverfes, s'il forme folution de continuité.

Je ne m'arrête point à décrire ceux que préfente un difque découpé en étoiles, ou de quelqu'autre manière : mais j'obferverai qu'ils offrent un fpectacle enchanteur, & fervent à faire voir une variété prodigieufe de teintes produites par le mélange de nos trois couleurs primitives.

De l'Invariabilité de la Déviation des Rayons Hétérogènes.

Exp. 179. *A cinq pouces du fommet du cône lumineux, placez un petit anneau, de manière que l'axe de l'un paffe par le centre de l'autre ; & vous verrez l'ombre projettée fur la toile, bordée en-dehors, d'un cercle bleu ; en-dedans,*

Exp. 180. *d'un cercle rouge circonfcrit par un jaune. Interpofez une lentille ; ces rayons s'y étant croifés prendront entr'eux un ordre inverfe : de forte qu'en-dehors l'anneau fera bordé d'un cercle rouge circonfcrit par un jaune ;*

Exp. 181. *en-dedans, d'un cercle bleu : après leur point d'interfection, interpofez une feconde lentille (1), & ils reprendront leur ordre primitif : interpofez une troifième lentille,*

Exp. 182. *dront leur ordre primitif : interpofez une troifième lentille,*

---

(1) On fent bien fans que je le dife, que chaque lentille doit être interpofée après le point d'interfection, c'eft-à-dire au-delà du foyer de la précédente.

[125]

& l'ordre inverse reparoîtra. Quel que soit le nombre des lentilles interposées, les phénomènes seront invariables.

Ils feront invariables encore, *si à cet anneau* Exp. 183. *vous substituez un petit disque découpé en anneaux concentriques fort étroits, séparés l'un de l'autre par une intervalle d'une ligne.*

Ils feront de même invariables, *si à travers* Exp. 184. *plusieurs lentilles vous regardez ce disque suspendu contre le ciel couvert.*

Enfin ils feront invariables, *si vous recevez sur* Exp. 185. *un carton blanc l'ombre de ce disque exposé au soleil, après avoir interposé une lentille d'un diamètre convenable.*

Ainsi l'ordre de la déviabilité des rayons hétérogènes, décomposés dans la sphère d'attraction des corps, est si constant que rien ne peut le changer.

Des Couleurs primitives coupant sur des fonds différemment colorés.

A la distance de quelques pieds, qu'on regarde au Exp. 186. *prisme des boules égales d'ivoire, de plâtre, de jayet, de cuivre jaune, de cire rouge, de charbon, suspendues verticalement contre le ciel couvert, & placées sur la même ligne ; elles paroîtront également environnées de différentes teintes.*

Exp. 187.   *Ces boules étant expofées au foleil ou à la lumière d'une bougie, de quelque manière & à quelque diftance qu'on les regarde, leurs ombres projettées fur un carton blanc offriront les mêmes phénomènes.*

Mais lorfqu'on regarde leur hémifphère éclairé, tout paroît changé, & change fans ceffe avec la teinte du fond qu'on leur oppofe.

Exp. 188.   *Vues fur blanc & à douze pieds de diftance, la première différence fenfible, c'eft que les boules noires ou de teinte obfcure femblent décompofer la lumière beaucoup plus que les boules blanches ou de teinte claire* (1) : *une autre différence fenfible, c'eft que leurs orbes colorés ont plus d'intenfité & d'étendue : enfin une différence fenfible, c'eft que ces orbes ne paroiffent pas rangés de même. Dans les noires, ils le font exactement comme fi elles étoient vues contre le ciel couvert : mais dans les blanches, on voit un orbe rouge au milieu d'un bleu, moins apparent dans les boules de teinte claire.*

Exp. 189.   *Sur air en lieu obfcur* (2), *les blanches femblent*

---

(1) Au premier coup-d'œil, on croiroit le centre & le bas de ces boules couverts d'une fimple teinte bleuâtre furmontée d'un croiffant rouge : mais examinées de près, elles paroiffent ainfi que les noires environnées d'un cercle bleu, d'un rouge & d'un jaune ; beaucoup plus foibles à la vérité, mais toujours placés dans le même ordre.

(2) Ces phénomènes deviennent frappans, lorfqu'on fubftitue avec prefteffe un fond blanc à un fond noir.

à leur tour décompofer la lumière beaucoup plus que les noires : les premières offrent un fpectre parfait, très-peu fenfible dans les dernières.

Sur rouge, les blanches offrent un fpectre tronqué où Exp. 190. *manquent le bleu & le violet. Ce fpectre eft peu fenfible dans les boules de teinte claire* (1); *moins encore dans les rouges, & prefque point dans les noires.*

Sur bleu, le fpectre qu'offrent les blanches fe termine Exp. 191. *au verd* (2) : *il eft d'ailleurs peu fenfible dans les boules de teinte claire, moins encore dans les rouges, & point du tout dans les noires.*

Sur jaune, les noires paroiffent couvertes d'un orbe Exp. 192. *rouge contigu à un bleu ; tandis que les blanches préfentent un orbe verd furmonté d'un croiffant rouge.*

Ces différences tiennent uniquement à des caufes accidentelles : car quelle que foit la teinte du fond, chaque boule vue à une petite diftance (3) paroît environnée des mêmes teintes, formées par l'interfection de trois cercles colorés, toujours rangés fuivant l'ordre de la déviabilité des rayons hétérogènes.

Mais il y a fur cet article plufieurs particularités remarquables.

---

(1) Comme celle des métaux blancs.
(2) Encore ce verd eft-il bleuâtre.
(3) A dix ou douze pouces.

[128]

Les rayons incidens fur l'hémifphère antérieur de ces boules, après s'être décompofés à fa furface, font en partie abforbés & en partie réfléchis (1) : du mêlange des derniers réfulte la teinte fous laquelle eft vue chaque boule.

Quant aux rayons ambians qui fe trouvent dans la fphère d'atraction de ces boules, ils fe décompofent de la même manière à la circonférence de chacune ; comme on l'obferve à leur ombre projettée fur un carton. Mais ces rayons décompofés ne forment point foyer fur la choroïde, lorfque l'œil eft placé devant l'objet qui les décompofe. Il n'y a donc de vifibles que ceux qui, après avoir été réfléchis par le fond, fe dévient enfuite dans cette même fphère. Ainfi chaque boule eft vue par des rayons réfléchis de deffus fa furface, & par des rayons repliés à fa circonférence. Or, du mêlange de ces différens rayons réfultent néceffairement différentes teintes, fuivant la couleur des boules & celle du fond.

Pour éclaircir les phénomènes, entrons làdeffus dans quelques details.

Vues fur blanc, & à la diftance de 20 pouces, par l'angle inférieur d'un prifme ; dans

____

(1) Voyez l'article des couleurs confidérées dans les corps.

toutes,

toutes, le croiſſant bleu ſupérieur, coupant ſur le fond , s'apperçoit au mieux : à l'égard du croiſſant inférieur , comme il coupe ſur la teinte des boules, il s'apperçoit peu ſur jaune , moins encore ſur rouge , & preſque point ſur noir : mais il ſe diſtingue aſſez bien ſur les métaux blancs , mieux encore ſur les ſubſtances d'un blanc mat (1).

Le croiſſant rouge ſupérieur ne s'apperçoit dans aucune , qu'à l'aide de la teinte pourpre ou violette, qu'il prend par le mélange d'une partie du croiſſant bleu contigu : en s'éloignant , les rayons dont il eſt formé ſe ſéparent en vertu de leur différente déviabilité ; alors il paroît très-bien ſur les métaux blancs , mieux encore ſur les ſubſtances d'un blanc mat : mais ſi ſa diſtance va juſqu'à confondre les rayons rouges avec les jaunes, il paroîtra d'une teinte ſanguine ou orangée obſcure. A l'égard du croiſſant rouge inférieur, comme il coupe ſur

____

(1) Les croiſſans qui environnent les boules blanches ne ſont pas produits par des rayons réfléchis & différemment réfractés , comme quelqu'un l'a avancé. L'eſpace intermédiaire ne reſte pas blanc non plus ; parce que les différentes parties des images colorées , tombant ſur cet endroit commun , ſe couvrent mutuellement , & produiſent le blanc. (Voyez Opt. de Smith , traduite par M. le Roi).

I

le fond , il s'apperçoit toujours diſtinctement ,
& toujours d'autant mieux que la teinte des
boules eſt plus obſcure.

Le croiſſant jaune ſupérieur ne ſe voit que
ſur les boules blanches ; ſur les métaux blancs,
il s'apperçoit par la teinte verte qu'il produit
avec partie du croiſſant bleu inférieur contigu.
Sur rouge , il eſt très-peu ſenſible , de même
que ſur noir mat , quoiqu'il s'apperçoive foiblement ſur noir bruni. Sur jaune il ne s'apperçoit point du tout. Quant au croiſſant jaune
inférieur , comme il coupe ſur le fond , il s'apperçoit toujours diſtinctement de près , & toujours d'autant mieux que la teinte des boules
eſt plus obſcure : mais à certaine diſtance , il
paroît aſſez peu , parce qu'il ſe diſtingue mal ſur
blanc.

Si ſur fond blanc , les boules paroiſſent d'autant moins colorées que leur teinte eſt plus
claire : c'eſt qu'elles réfléchiſſent proportionnellement beaucoup plus de lumière : or cette
lumière réfléchie mêlée aux rayons décompoſés
affoiblit conſidérablement l'intenſité de leurs
couleurs.

Comme des boules blanches réfléchiſſent de
tous côtés beaucoup de lumière , leurs contours ſont toujours foiblement exprimés par

une dégradation d'ombres ; aussi , lorsque la lumière tombe d'en-haut, leurs croissans colorés inférieurs ne tranchent-ils point sur le fond , trop affoibli par la lumière non décompofée que réfléchit le bas de l'hémisphère antérieur.

Certains rayons ne disparoissent pas simplement sur certains fonds , ils changent encore de teintes. Or d'après les changemens apparens des couleurs primitives ; par la teinte des boules en expérience , on conçoit facilement ceux qu'elles doivent subir de la part du fond.

Sur fond noir (1), le croissant bleu supérieur ne se distingue presque pas; aussi paroissent-elles toutes immédiatement environnées d'un croissant rouge, peu sensible dans les boules de cette couleur , moins encore dans celles de teinte obscure, & presque point dans les noires. Quant aux croissans jaune supérieur & bleu inférieur, ils sont vus sur la teinte des boules. Il en est de même d'une partie du rouge inférieur qui, conjointement à la partie contiguë du bleu , forme une teinte violette très-marquée sur les boules

____

(1) J'ai choisi du drap, comme l'étoffe la plus propre à absorber la lumière : or il est simple que les couleurs disparoissent dans l'obscurité.

blanches : quant à l'autre partie du rouge & au jaune entier, ils font vus fur la teinte du fond, & ne fe diftinguent point du tout.

Sur fond d'air en lieu obfcur, & fur fond verd foncé, les phénomènes font les mêmes que fur fond noir ; à cela près que les couleurs apparentes font un peu plus vives, parce qu'il y a moins de lumière éteinte.

Sur fond rouge, les phénomènes font les mêmes encore, à cela près que les couleurs font ternes.

Sur fond jaune, les phénomènes font comme fur fond blanc ; à cela près que le croiffant jaune inférieur ne fe diftingne pas. A mefure qu'on s'éloigne, les croiffans s'étendent & les cercles dont ils font partie paroiffent enfin des orbes colorés ; mais d'autant moins diftincts qu'on s'éloigne davantage : de ces orbes, la feule partie vifible eft celle qu'on apperçoit fur la teinte de la boule, lorfque le fond eft obfcur ou fortement coloré. Encore fi la teinte des boules n'eft pas claire, cette partie fe diftingue-t-elle toujours d'autant moins que l'éloignement à la boule augmente.

Ce que nous venons de dire au fujet des phénomènes qu'offrent les couleurs primitives coupant fur des fonds différens, fe voit au

mieux, lorsqu'on projette fur ces mêmes fonds le fpectre Exp. 193.
formé en expofant le prifme entier aux rayons folaires (1).

Il eft fimple que chaque efpèce de rayons homogènes ne s'apperçoive pas fur un fond de même couleur ; il eft fimple auffi que chaque efpèce s'apperçoive mal fur un fond obfcur, & plus mal encore fur un fond noir : enfin il eft fimple que les teintes qui environnent les boules blanches foient très-foibles fur fond blanc. Mais pourquoi ces teintes deviennent-elles plus vives fur fond noir ? parce qu'il réfléchit moins de lumière non décompofée.

Des Couleurs confidérées dans les Corps.

A proprement parler, les couleurs confiftent en de fimples impreffions de la lumière fur l'organe de la vue ; car la lumière elle-même ne comporte aucune couleur. Il n'en eft pas moins vrai cependant que ce fluide, fi fubtil, eft compofé de parties qui différent effentiellement entr'elles ; puifqu'elles affectent conftamment l'organe d'une manière différente : ainfi chaque rayon de lumière eft compofé de trois autres ,

---

(1) Formé de la forte, le fpectre peut être projetté de tous côtés, & à une très-grande diftance.

I 3

dont l'un produit la fenfation du jaune; l'autre, celle du rouge ; & l'autre, celle du bleu : de leurs différentes combinaifons réfulte un grand nombre de fenfations compofées.

Un objet n'eft vu que par des rayons réfléchis à fa furface : comme on le démontre par la formation de fon image dans la chambre noire.

Colorés en l'une des teintes primitives , les corps réfléchiffent le rayon analogue, & abforbent les deux autres.

Tant que leur teinte eft pure, leur image refpective n'eft formée que de rayons homogènes; autrement , il s'y mêle différens rayons : c'eft le cas des couleurs mixtes.

A l'égard de chacune de ces couleurs, on conçoit quels font les rayons fimples qui concourent à la former : l'image d'une boule verte par exemple fe forme de rayons jaunes & bleus; celle d'une boule violette, de rayons bleus & rouges ; celle d'une boule orangée , de rayons rouges & jaunes , &c. : & ces teintes varient fans ceffe, fuivant que ces rayons fe mêlent en différentes proportions.

Toutefois avant & après le point où l'image a toute fa netteté, on ne les voit jamais défunis : mais il faut prendre garde de ne pas les confondre avec ceux qui fe décompofent & fe replient à la circonférence de ces boules.

Cette méthode d'obferver dans la chambre noire prouve inconteftablement que les couleurs des corps n'appartiennent qu'à la lumière, & elle fert à faire connoître les rayons qui fe combinent pour produire certaines teintes qui n'ont point encore de nom ; comme celle de quelques minéraux, de plufieurs matières vitreufes, & d'une multitude d'autres objets. On peut faire là-deffus une belle fuite d'expériences, que j'abandonne aux curieux ; mais je ne puis me difpenfer de faire ici quelques obfervations particulières.

On penfe généralement d'après Newton que certains métaux approchent beaucoup plus de la blancheur éclatante de la lumière pure que le papier, le linge, les terres calcaires, la neige : mais fans raifon ; puifque *l'image de ces derniers* Exp. 194. *corps eft toujours très-blanche, & blanche dans toute fon étendue, excepté aux endroits qui font dans l'ombre ; tandis que celle des premiers eft bleuâtre. Celle d'une* Exp. 195. *boule d'argent même n'a d'éclatant qu'un point radieux formé par l'image réfléchie du foleil ; encore ce point radieux n'eft-il blanc que lorfqu'il eft fort petit : s'il vient* Exp. 196. *à fe dilater, il fe colore toujours.* Au refte quand les objets de comparaifon font brunis, pour bien

I 4

juger de la différence il suffit qu'ils soient exposés au grand jour ; car lorsqu'ils le font au soleil,
leur teinte est couverte par la lumière pure qu'ils
réfléchissent.

On pense généralement aussi que les corps
noirs ne paroissent tels que parce qu'ils absor-
bent la lumière : cependant ils ne font vus que
Exp. 197. par réflexion. *Examinez leur image ; vous verrez que
les rayons bleus y entrent en grand nombre & les rouges
en petit nombre , car elle est indigo extrêmement foncé.*
*Exp. 198. Les corps noirs réfléchissent même beaucoup plus de
lumière que les corps assez légèrement dans l'obscurité,
pour qu'on puisse distinguer à la simple vue leur dessein
ou leurs petites parties :* ainsi le noir est une vraie
couleur.

Les corps laissent passer les rayons qu'ils ne
réfléchissent pas : mais quelle que soit leur nature , la transmission ou la réflexion de la lumière
n'est jamais totale : ils ne peuvent donc être ni
parfaitement noirs (1) ni parfaitement blancs.
Par la même raison , leur coloris ne peut jamais
avoir l'éclat des couleurs primitives , lors même
qu'ils en auroient la teinte.

J'ai dit que les corps ne font vus que par des

---

(1) Je borne ici l'acception de ce mot au noir produit par privation de lumière.

rayons réfléchis, & cela eſt vrai ; mais il faut
ici une diſtinction : tant que les rayons tombent
ſur les parties externes d'une ſurface, ils ne
ſubiſſent aucune décompoſition ; car les corps
réfléchiſſent tous de la lumière pure, quel que
ſoit leur coloris ; & plus leur ſuperficie eſt
denſe, égale (1), liſſe, plus ils la réfléchiſſent
abondamment. Mais dès que les rayons incidens pénètrent dans les pores de cette ſuperficie, ils s'y décompoſent. De ces rayons
décompoſés, partie eſt tranſmiſe, partie eſt
abſorbée, partie eſt réfléchie ; celle-ci ſeule
forme le coloris des corps : ainſi la réflexion
n'eſt jamais un moyen employé par la nature
pour produire les couleurs ; les couleurs maté-
rielles n'en dépendent donc point, comme on
l'a prétendu (2).

Quelle que ſoit la nature des corps, toujours
la lumière ſe décompoſe à leur circonférence
d'une manière invariable ; d'où il ſuit que leur
affinité avec les différens rayons colorés eſt iden-

---

(1) Même le jayet poli peut former d'aſſez bons miroirs de
réflexion, comme j'en ai fait l'expérience dans ma chambre noire.

(2) Je ferai voir ci-après que la réflexion ne peut jamais produire de couleurs ; & que la réfraction même ne peut en produire,
bien qu'elle ſe faſſe dans des milieux de différente énergie.

tique. Dans tous, elle est donc plus grande avec le jaune qu’avec le rouge , & plus grande encore qu’avec le bleu. Si nous ne les voyons pas couverts des mêmes teintes, ou plutôt s’ils font couverts d’une teinte particulière, ce n’est donc pas qu’ils aient plus d’affinité avec les rayons qui la forment : c’est que leur tissu se trouve plus propre à donner passage à tel ou tel rayon, & à réfléchir tel ou tel autre.

Pourfuivons.

La transparence vient de ce que la coupe des pores est rectiligne d’une surface à l’autre ; l’opacité vient de ce que leur coupe est curviligne ou tortueuse. Les corps diaphanes acolores laissent passer la lumière sans la décompofer ; mais les corps diaphanes colorés la décompofent toujours. Bornons-nous aux vitreux ; la raifon des phénomènes qu’ils préfentent, étant commune , s’étendra facilement à tous les autres.

C’est une opinion généralement reçue que les verres colorés réfléchiffent les feuls rayons de leur couleur , tandis qu’ils abforbent ou tranf-mettent tous les autres. Pour le prouver , on ne confidère que la lumière tranfmife ; & pour affurer la réuffite des expériences , toujours on choifit des verres foncés : mais qui ne voit que ces verres , vus par réflexion , paroiffent prefque noirs ? Ils ne réfléchiſſent donc pas le rayon de leur couleur. Il feroit abſurde d'ailleurs de prétendre qu'ils ne réfléchiſſent qu'une eſpèce de rayons, lorſque leur teinte n'eſt celle d'aucune couleur primitive.

J'ai eu déja occaſion plus d'une fois de relever les erreurs où ſont tombés les Phyſiciens, faute d'avoir vu les couleurs primitives dans leur état de pureté : en voici un nouvel exemple. Sous la dénomination de verres colorés on a compris une multitude de teintes mixtes ; & ſous la dénomination de couleurs ſimples, on a compris une multitude de teintes qui ne ſont point celles de la nature : de ſorte qu'après avoir confondu des objets différens, on a fait à l'appui d'un ſyſtême erroné une foule d'expériences illuſoires. C'eſt ainſi qu'une erreur conduit ordinairement à une autre : tâchons de ramener les choſes à leur vrai point de vue.

Tout verre de teinte claire réfléchit & tranſmet des rayons de même couleur ; *on s'en aſſure Exp. 199. en le plaçant dans le cône lumineux, & en recevant ſur un carton le jet de lumière qui l'a pénétré.* Lorſque ſa couleur eſt ſimple, il n'y a qu'une eſpèce de rayons réfléchis & tranſmis ; les deux autres ſont abſorbés : mais lorſque ſa couleur eſt mixte, il réfléchit & tranſmet les différens rayons qui concourent à la compofer. Eft-elle compofée de deux efpèces ? il les réfléchit & les tranfmet toutes deux ; il n'en abforbe donc qu'une. Eft-elle compofée des trois efpèces ? comme ces rayons y entrent en différentes proportions (1), ils font réfléchis & tranfmis dans les mêmes rapports : ceux qui font complément font donc abforbés. Il arrive à l'égard des verres de teinte foncée ce qui arrive à l'égard des verres de teinte claire.

Comme, jufqu'à moi, les vraies couleurs primitives étoient inconnues, l'art n'a point cherché à les imiter ; celui des verriers n'y eft pas même parvenu par hafard : auffi tous les verres colorés qui me font tombés entre les mains étoient-ils de teintes mixtes, plus ou moins fortes; & toujours compofées des trois couleurs fimples, mais combinées en différentes proportions. Dans tous, les rayons de leur couleur dominoient, & les autres y étoient en plus ou moins grand nombre, comme je m'en fuis *Exp.* 200. affuré par diverfes expériences. *Faits en lentilles & placés entre l'œil & une lumière, ils rendoient fenfiblement les différentes couleurs de la flamme, quoiqu'avec*

____

(1) Autrement leur mélange produiroit du blanc.

différens degrés de netteté. Placés devant le trou qui   Exp. 201.
donne passage au faisceau destiné aux expériences prif-
matiques, ils n'empêchoient pas qu'on ne distinguât
dans le spectre différentes couleurs. Exposés au soleil,   Exp. 202.
on voyoit avant & après la réunion des rayons au foyer,
le champ de leur teinte circonscrit de cercles différem-
ment colorés ; lors même que leurs bords étoient couverts
d'un papier noirci.

C'eſt l'uſage actuel des Aſtronomes de ſe ſervir d'objectifs colorés pour remédier à la prétendue aberration de réfrangibilité. Mais en la ſuppoſant réelle : d'après les faits qu'on vient d'expoſer, on ſent bien ce qu'on doit attendre de cet uſage.

FIN.

ANNÉE 1778.

GAZETTE DE SANTÉ,
PAR UNE SOCIÉTÉ DE MÉDECINS.

Du Jeudi 1ᵉʳ. Janvier.

ANALYSE chymique de l'eau anti-pulmonique de M. MARAT, par M. l'Abbé TESSIER, Docteur-Régent de la Faculté de Médecine & de la Société Royale &c.

LORSQUE j'ai rendu compte de l'Examen * de l'eau fondante de M. Guilbert de Preval, j'avois pour motif, 1º. de désabuser le public sur un prétendu préservatif, capable d'inspirer une sécurité dangereuse; 2º. de rendre suspects les hommes qui annonçoient des découvertes mystérieuses, 3º. de faire connoître aux personnes raisonnables & surtout aux Magistrats, que la Faculté de Médecine n'avoit pas proscrit à tort M. Guilbert de Preval & son eau fondante. Q'en est-il arrivé? Indépendament de M. Guilbert de Preval, j'ai eu le malheur de déplaire à plusieurs personnes, parmi lesquelles il s'en est trouvé même qui auroient dû prendre pour moi des sentimens contraires. Cet évenement m'avoit fait prendre la résolution de ne plus faire d'analyse, de laisser tous les Charlatans jouir sans trouble du privilege exclusif qu'ils ont de persuader ce qu'ils veulent, & de consentir à être le spectateur tranquille d'une partie des maux qu'ils causent. D'ailleurs, s'il falloit démasquer tous les débitans de remedes secrets, qui pourroit

y suffire? C'est un hydre sans cesse renaissante; il s'en faut de beaucoup que je sois l'hercule, seul capable de l'accabler. Telles étoient mes intentions, lorsqu'un Confrere (M. Bernard) respectable par son âge & par la considération dont il jouit, m'envoya une demi-bouteille d'eau, sous le nom d'*Eau minérale factice de M. Marat* *, & me pria de l'examiner par les moyens chymiques. Le bien public, & le desir d'obliger un homme estimable, m'ont déterminé à examiner les principes contenus dans ce précieux remede. Ne voulant pas me fier à mes propres lumieres, j'ai prié M. Bucquet, si avantageusement connu parmi les gens instruits, M. de Laplanche, & M. Lelong, Maître des Comptes, de se joindre à moi pour procéder à l'examen de cette eau.

Analyse.

La liqueur est parfaitement limpide & ne dépose rien au fond de la bouteille.

Elle n'a absolument aucune odeur.

Sa saveur est très-alkaline & un peu stiptique.

Si on en verse sur du syrop de violette, elle lui donne une couleur verte foncée.

Il ne résulte aucune effervescence sensible de son mélange avec les acides, tels que l'eau-forte & le vinaigre radical, que nous avons employés.

---

* Voy. cet Examen, fait avec toute l'exactitude possible, à la suite du No. 23, 1777, de la Gazette de santé.

* On doit se rappeller que M. Matat dans sa lettre, (voy. Nº. 46 de cette feuille, 1777) annonce qu'il a employé pour la guérison de Madame de l'Aubespine, une eau minérale factice, qui tenoit lieu des eaux acidules d'*Harrowgate.*

L'huile de Tartre y occafionne un précipité confidérable, que le même alkali peut rediffoudre. Un acide le rediffout plus facilement.

Cette liqueur n'eft que très-légerement troublée par l'alkali-volatil cauftique.

L'eau de puits l'altere fenfiblement.

Elle précipite un peu la diffolution d'alun.

Avec la diffolution de vitriol martial, elle produit un précipité d'un verd jaunâtre, comme il arrive lorfqu'on ajoute à cette diffolution un alkali-fixe. Ce précipité fe rediffout en entier dans les acides.

L'eau mercurielle y forme un précipité jaune très-abondant.

Mêlée avec de la diffolution d'argent, elle laiffe appercevoir un léger précipité, qui fe rediffout fur le champ, foit qu'on agite le mélange, foit qu'on y ajoute de nouvelle diffolution.

Enfin, fi l'on en verfe dans une diffolution de noix de galles, il paroît un précipité un peu coloré.

Nous avons fait concentrer quatre onces de cette eau jufqu'à reduction d'environ un gros; nous avons obtenu un grain de précipité, que l'eau-forte a diffout en entier avec efferveffence & qui n'étoit que de la craie. La liqueur furnageante mêlée avec l'eau-forte a produit une très-légere efferveffence. Ce mélange évaporé a donné un peu de fel, qui fufoit fur les charbons. C'étoit du vrai nitre.

La faveur alkaline, légéremenr ftiptique de l'eau analyfée, la propriété qu'elle a de verdir le fyrop de violette, de précipiter l'alun, le vitriol martial & le nitre de lune font des caracteres équivoques, qui peuvent convenir également à l'eau de chaux & à une eau légérement alkaline. Mais il appartient particulierement à l'eau de chaux d'être précipitée par l'huile de Tartre, & d'être légérement troublée par l'alkali-cauftique, comme l'a été l'eau de M. Marat. D'ailleurs, la préfence de la matiere calcaire s'y manifefte par le réfidu terreux, qui fe dépofe pendant la concentration de la liqueur. Mais comme cette liqueur ne forme point de pellicule à l'air, qu'on n'y en apperçoit même pas de bonne heure quand on l'évapore fur le feu, nous n'héfitons pas à prononcer que ce n'eft pas de l'eau de chaux pure, mais de l'eau de chaux, qui a été précédemment précipi-

tée par une petite quantité d'alkali-fixe, dont la préfence s'eft fuffifament manifeftée par le falpêtre, que nous avons obtenu en faturant l'eau concentrée par l'acide nitreux. Nous croyons pouvoir déterminer les quantités, d'après le peu que nous en avons analyfé, à la dofe d'environ quatre grains de terre calcaire par pinte, & à-peu-près deux grains d'alkali-fixe.

Recompofition.

Pour être plus affurés de tout ce que nous avions découvert dans l'eau de Marat, nous avons cherché à en faire une femblable.

D'abord, nous avons pris de l'eau de chaux pure, dont la faveur étoit à-peu-près la même, mais un peu moins urineufe que celle de l'eau analyfée. Elle verdiffoit comme elle le fyrop de violette, ne faifoit pas plus d'efferveffence avec les acides, précipitoit beaucoup plus fenfiblement avec l'huile de Tartre, fe troubloit auffi légérement avec l'alkali-volatil cauftique, mais ne précipitoit pas auffi fenfiblement le vitriol martial, donnoit un précipité brun avec la diffolution de nitre mercuriel, & n'en fourniffoit aucun avec la diffolution de nitre de lune.

Ayant pris une once de cette eau de chaux, à laquelle nous avons ajouté quelques gouttes d'huile de Tartre par défaillance, il s'eft fait un précipité abondant, que nous avons laiffé dépofer. Nous avons filtré la liqueur, qui a paffé claire. Elle avoit abfolument la même faveur que l'eau analyfée, & comme elle, elle précipitoit encore avec l'huile de Tartre. Une nouvelle addition d'alkali ou d'acide diffolvoit facilement ce précipité. Enfin, femblable à l'eau analyfée, elle formoit un précipité d'un jaune verdâtre & affez abondant avec la diffolution de vitriol martial, un précipité jaune clair avec la diffolution de nitre mercuriel, & avec la diffolution d'argent quelques légers floccons blancs qui fe diffolvoient foit en agitant le mélange foit en y ajoutant de nouvelle diffolution d'argent.

Cette analogie parfaite entre notre liqueur factice & l'eau analyfée nous fait croire que cette derniere n'eft que de l'eau de chaux précipitée en partie par de l'alkali-fixe.

Réflexions fur l'ufage interne de l'eau de chaux, remifes à la feuille prochaine.